못생김의 심리학

못생김의 심리학

이창주 지음

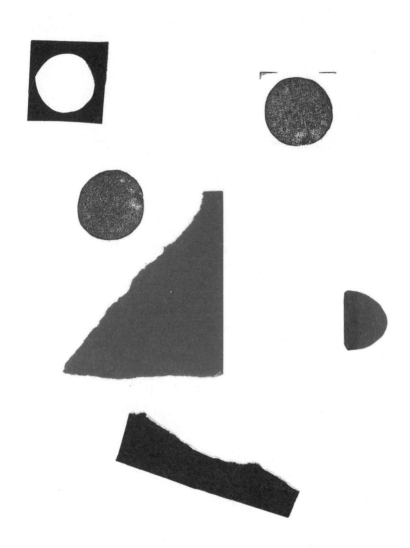

정신의학 전문의의 외모심리학 이야기

몽스북
mons

차례

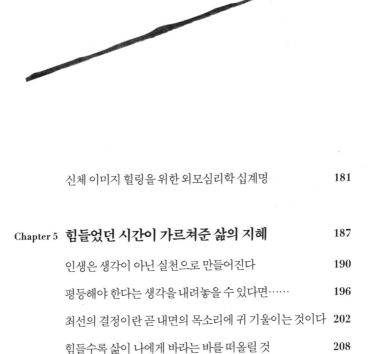

추천의 글

나는 이런 이야기에 열광한다. 끈질긴 탐험과 빛나는 지성으로 마침내 역경을 극복하는 사람의 이야기. 그리고 자신의 고통뿐 아니라 타인의 고통을 치유하는 데 성공하는 사람의 이야기. 이 책은 바로 그런 사람의 이야기이며, 자신의 콤플렉스를 극복하고 마침내 타인을 돌봐주는 '상처 입은 치유자wounded healer'가 된 의사의 이야기이기도 하다. 이 책은 어린 시절부터 시달려온 외모 콤플렉스를 극복하고 마침내 전문의가 된 저자 스스로의 이야기일 뿐 아니라 우리 모두가 앓고 있는 저마다의 콤플렉스를 치유하는 데 소중한 열쇠가 되어줄 이야기다.

— 정여울(『나를 돌보지 않는 나에게』 저자, KBS 〈정여울의 도서관〉 진행자)

스스로를 보다 사랑하고 싶다면 저자의 말처럼 중요한 건 '관점'이다. 이 책은 저자가 외모에 관심을 갖게 된 깊은 경험의 고백으로 시작해서 '외모심리학'이라는 전문적인 지식이 더해져 독자가 자신의 외모에 대해 느끼는 관점을 바꾸도록 도와준다. 관점이 바뀌면 삶의 거의 모든 것이 바뀌지 않는가. 외모를 바라보는 태도뿐 아니라 세상을 지혜롭게 살아가는 마인드까지 선물처럼 찾아오는 책이다.

— 임현주(『다시 내일을 기대하는 법』 저자, MBC 아나운서)

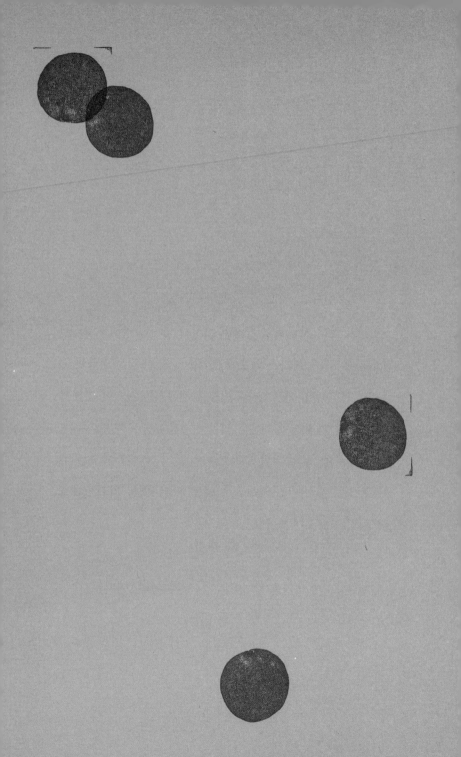

들어가는 말

외모심리학의 프레임으로 분석한 '못생김'

외모와 심리의 조합이 낯설지 모르겠습니다. 실제로 외모가 고민인 현대인들은 심리 전문가보다 메이크업 숍, 피트니스 센터, 성형외과를 찾는 경향을 보이는데요. 뷰티 산업(화장품, 패션, 다이어트, 미용 기기, 의료 등 서비스, 제조 및 유관 분야) 규모에서 보듯 외모가 핫 이슈임은 분명하나 외모심리학은 일면식도 없는 실정이지요.

이 책의 집필은 외모와 심리의 간극에서 오는 미충족 수요에서 시작되었습니다. 외모심리학과 정신신체의학의 관점에서 스트레스를 줄이는 방법을 소개했는데, 서구에서 진행된 연구 결과에다 개인적 경험, 전문가로서의 의견을 덧붙였습니다. 기본적으로 외모심리학은 성형과 달리 겉모습이 아닌 마음가짐의 변화를 도모하는데, 그렇다고 "외모보다 내면의 아름다움이 더 중요해", "외모는 하나도 중요하지 않아"와 같은 나이브하거나 현실과 동떨어진 얘기를 하지 않습니다. 오히려 외모의 영향력을 부정하지도 과장하지도 않은 적절한 눈높이로 인식하고 파생되는 감정을 받아들이며 현실적 해법을 모색하는 일에 가까운데요.

책의 내용이자 목표를 한 문장으로 축약하면 '외모보다 그것을 바라보는 관점을 개선하기'입니다. 외모심리학의 핵심 이념이 담긴 문구로 자신을 비추는 머릿속 거울인 신체 이미지의 흠집을 닦아낸다는 의미이지요. 혼탁한 거울의 표면에는 어떠한 모습도 일그러지게 담기듯 정말로 삶의 질, 자존감과 직결되는 건 외모가 아니라 신체 이미지이니까요. 만일 거울의 명도가 높아지면 외모의 변화 없이도 스트레스가 줄어드는데, 실마리는 외모와 마음의 유기성에 있습니다.

2024년 6월 이창주

Chapter 1

정신과 의사가 외모 문제에
관심을 갖게 된 계기

지금으로부터 200여 년 전, 독일의 정신과 의사 요한 크리스티안 아우구스트 하인로트Johann Christian August Heinroth는 르네 데카르트René Descartes의 심신이원론*에 이의를 제기하며 두 가지가 상호 작용한다고 주장했습니다. 오늘날에야 몸의 문제가 마음에도 파급 효과를 일으키는 게 상식으로 통하지만 당시에는 혁신적인 가설이었는데요.

하인로트의 주장에 상응하는 심신일원론은 질병이 아닌 외모에도 적용되는 얘기입니다. 이 점은 현대인의 외모 고민을 떠올리면 어렵지 않게 이해가 갈 텐데, 고충을 느끼는 원인은 객관적인 모습보다 자각하는 형상으로 보는 게 적확합니다. 역으로 어떠한 방법을 통해 신체 이미지를 어루만지면 외모의 변

* 몸과 마음이 별개의 실체이고 몸이라는 기계 안에 영혼이 거주한다는 가설.

화 없이도 스트레스가 줄어든다는 뜻이고요. 이것이 특히 다른 방식으로 해결하기 어려운 외모 문제에 관심을 갖게 된 밑바탕인데, 자세한 내력은 페이지를 넘겨 확인하기 바랍니다.

어느 고등학생에게 찾아온
삶의 변곡점

손바닥을 들여다보면 손금이 크게 엇갈리는 지점이 있습니다. 마찬가지로 지나온 삶의 궤도를 되짚어 보면 누구에게나 변곡점이 있게 마련입니다. 개인적으로는 2010년 여름인데, 외모로 고민하는 누군가를 떠올리며 쓰는 이 책의 출발점이기도 합니다. 정신과 의사이자 외모심리학 저술가인 저에게도 한때 외모는 쉽지 않은 문제였는데, 전두 탈모가 발병한 고교 시절부터입니다. 전두 탈모증은 면역세포가 모낭을 공격해 머리카락과 눈썹이 한 올도 남김없이 빠지는 질환입니다. 고등학생이던 발병 초기부터 재수, 의대 재학 기간 동안 대학병원에 다녔으나 치료에 실패했을 정도로 난치병이기도 하고요.

머리카락과 눈썹이 빠지는 것 이외에 별도의 건강 문제가 있는 건 아나나 심적으로 버거웠습니다. 의대를 졸업한 후 대학

병원에서 인턴, 정신과 레지던트 과정을 마친 지금이야 의사로서 그리고 사람으로서 마음이 단단해졌지만 당시에는 흔들림의 폭이 컸습니다. 여느 고등학생처럼 학교에서 친구들과 웃고 떠들고 놀면서 공부하던 평범한 학생이었고 이런 병이 있다는 사실조차 알지 못했으니까요. '왜 하필 나일까? 내가 전생에 무슨 죄라도 지었을까? 머리카락이 나지 않으면 어쩌지? 앞으로 어떻게 해야 하는 거지?' 그저 절망적이고 세상이 원망스럽고 '머리카락이 나지 않으면 내 인생은 끝이다' 하고 크게 낙심했었죠.

이후 어찌저찌 시간이 흘러 고등학교를 졸업하고 재수를 거쳐 의대에 입학했습니다. 의예과를 수료하고 본과 과정을 거치는 동안 대학병원 피부과와 한의원에서 약물과 면역치료, 한방치료를 받았지만 효과는 전무했고 종내에는 치료를 그만두었습니다. 머리카락이 난다는 보장도 없는 데다 부작용을 감수하면서까지 치료를 지속하고 싶지 않아서였죠. 또한 외형과 달리 정신적으로는 많은 변화가 있었는데 7년이라는 시간이 흐르며 달라진 모습과 삶을 받아들였습니다. 거울에 비치는 모습에는 변함이 없으나 내가 나를 바라보는 형상인 신체 이미지(=신체상)가 치유된 덕분이었죠. 의과대학생이던 당시에는 외모 스트레스가 구체적으로 어떻게 치유되었는지 인지하지 못했으나,

레지던트 수련 기간에 외모심리학을 공부하며 비로소 치료 인자therapeutic factor*를 깨닫게 되었습니다. 치프 레지던트로 승급한 3년 차 겨울부터는 교육 정신분석education analysis을 통해 외모 스트레스를 무의식적 관점에서 이해해 보는 시간을 가지기도 했고요.

얼마 전 강연을 마치고 가진 식사 자리에서 후배 정신과 의사가 저에게 물었습니다. 10대 중후반 어린 나이에 탈모증이 발병했고 여전히 치료가 되지 않아 속상하지 않으냐고. 어린 나이 탈모증으로 인한 힘듦이 없었다면 거짓말이겠지만 그래도 괜찮습니다. 삶의 희비를 좌우하는 건 단순히 '좋은 일, 나쁜 일'이 생겼는지가 아닌 그것을 받아들이는 자세라는 점을 깨우쳤으니까요.

물론 아쉬운 점이 전혀 없다면 거짓말입니다. 탈모증이 발병하지 않아 엇갈린 손금의 반대 측 선로를 따랐다면 이후의 시간이 보다 평탄하게 흘렀을 텐데, 외모로 위축되지 않았다면 대학 시절 훨씬 다양한 경험을 하며 보냈을 텐데 싶으니까요. 그럼에도 지금 삶에 만족감을 느끼는 건 유명한 격언대로 하나의 문이 닫혔지만 또 다른 문이 열렸고, 그 과정에서 고유한 의미와 가치를 발견해서입니다. 마음이 여리고 정서적으로 미숙

* 치료적 변화를 일으키는 요인.

했던 10~20대 초반에는 닫힌 문을 여는 데 매달리다 보니 새로이 열린 문을 감지하지 못했지만요.

삶의 희로애락과 성패가 단순히 '좋은 일, 나쁜 일'의 발생 여부로 결정된다면 전두 탈모가 발병한 고등학생은 깊은 수렁에서 헤어나지 못했을 것입니다. 하지만 그것이 좋든 나쁘든 일이 생긴 후의 시간을 어떻게 보내느냐에 따라 많은 것이 달라지는 게 삶의 본질입니다. 로또에 당첨되었으나 유흥과 도박에 빠져 패가망신하는 사람이 있는 반면, 어려움을 주춧돌 삼아 의미 있는 도약을 이뤄낸 사람도 더러 존재하니까요. 동서고금의 이름난 현인들이 길흉화복을 섣불리 판단하지 않는 것 또한 같은 이유에서입니다. 적잖은 경우 행운과 불행을 판가름하는 건 사건 자체라기보다 이후의 시간을 살아가는 사람의 마음가짐입니다.

왜 나에게 이런 일이
발생한 걸까

"아직까지는 원인이 밝혀지지 않았습니다. 치료를 통해 호전되는 경우도 있지만 그렇지 않을지도 모릅니다."

추운 겨울날, 난생처음으로 방문한 대학병원 진료실에서 들은 피부과 의사의 소견입니다. 고 3 진학을 앞둔 그해 겨울이 유독 추웠던 건 결코 한파 때문만은 아니었는데요. 전두 탈모는 자가면역 질환으로 추정되나 정확한 원인이 불분명한 병입니다. 일정 부분 유전적 소인이 작용하나 발병 유전자가 명확히 밝혀지지 않았고 스트레스와의 연관성도 제기되지만 마찬가지로 불확실합니다. 어느덧 10년도 훨씬 전의 일이 되었고 그간 새로운 약도 개발되었으나 정확한 원인을 모르다 보니 여전히 근본적인 치료와는 거리가 먼 실정이지요.

21세기를 말할 때 흔히 과학 기술이 고도로 발달한 최첨단의 시대라고 표현합니다. 인터넷과 SNS로 전 세계 사람들과 실시간으로 소통 중이고 지구 어디든 24시간이면 도달 가능합니다. 몇 년 전에는 세상의 모든 지식을 흡입한 듯한 챗GPT까지 개발되었고요. 얼핏 불가능한 게 없어 보이는 현 세기에도 이유를 설명하기 힘든 현상이 부지기수인데, 진료실에서 매일같이 듣는 "선생님, 왜 하필 저에게 이런 일이 생겼을까요? 전 아무런 잘못도 하지 않았는데요" 하는 질의도 그중 하나입니다.

정신과 전문의로서 불행에 관하여 확언할 수 있는 한 가지는 행운보다 가짓수가 훨씬 많다는 점입니다. 태어나자마자 부모에게 버려진 몸이 불편한 아이, 제주도로 수학여행을 떠났다 친구들과 바다로 가라앉은 고교생, 친족 성폭행과 집단 따돌림으로 20년 넘게 트라우마에 시달리는 30대 여성, 30년간 헌신적으로 돌본 발달장애 아들을 제 손으로 살해하고 이승을 하직한 노모까지. 미디어에는 남다른 재능과 노력, 크고 작은 운으로 막대한 부를 이룬 사업가, 운동선수, 연예인들이 이름만 바꿔가며 등장하지만 정신과 진료실은 상상조차 하기 힘든 비운과 슬픔, 눈물로 가득합니다. 필연적으로 그 누구도 감당하기 힘든 아픔에 무너져 한 줌의 재로 돌아가는 사람도 목격하는데, 인간 정신이 겪는 무한의 고통을 최일선에서 치료하는 자의 숙명일 테죠.

고통의 총량이 즐거움보다 크다고 확신하는 또 다른 이유는 말도 안 되는 일이 어딘가에서 상시 발생하는 게 사람살이이기 때문입니다. 영화 〈잠수종과 나비〉의 주인공이자 감금 증후군으로 일순간에 온몸이 마비된 장 도미니크 보비의 불행도 그중 하나인데요. 의학적으로 감금 증후군은 뇌의 연수 부위에 생긴 병변으로 양측 운동 신경이 손상되어 발생합니다. 보비의 경우 혈류 경색이 원인이었는데 하필이면 연수 부위가 손상되어 눈꺼풀 깜빡이기를 제외한 모든 운동 기능이 마비된 것이죠. 안타깝게도 "흘러내리는 침을 삼킬 수만 있다면 그 사람은 세상에서 가장 행복한 사람일 것입니다"라고 말하는 보비에게 이유를 설명하기란 불가능합니다. 승승장구하던 40대 초반 편집장에게 다른 질병도 아닌 뇌졸중이 찾아온 이유, 하필이면 왜 연수 부위가 손상되어 육체가 영혼을 가두는 감옥으로 전락했는지, 수많은 사람 중에 왜 하필 그에게 이런 말도 안 되는 일이 나타난 것인지.

정신의학 전문의이기 이전에 동시대를 살아가는 사람으로서 어느 정도 연륜이 쌓였음에도 아직 답을 찾지 못했습니다. 전두 탈모증으로 낙담한 모 고교생의 '왜 나에게 이런 일이 생겼을까'라는 의문에 10여 년째 묵묵부답하는 이유입니다. 비록 불행이 들어온 입구를 명료하게 설명할 재간은 없지만, 그러나 인간이 고민하고 살펴야 할 부분은 그 이후라고 생각합니다. '왜 하필 나일까'라는 답을 찾을 수 없는 의문을 무한정 파헤치기보다 현재와 미래를 어떻게 살아갈지를 생각해 보는 게 바람직하다는 얘기입니다. 내 의사와 무관하게 불특정 환경에서 주어진 여건으로 태어났지만 지금껏 살아왔듯, 불운이 닥쳐도 어떻게든 이후의 시간을 살아가야 하는 게 삶의 부조리하고 애달픈 측면이니까요.

〈잠수종과 나비〉는 영화이기 이전에 1997년도에 출간된 책이기도 합니다. 유명 잡지 『엘르』의 편집장이던 장 도미니크 보비의 자서전인데, 놀라운 점은 130페이지짜리 책이 쓰인 시점이 감금 증후군이 발생하기 전이 아닌 이후라는 점입니다. 몸이 정신을 가두는 감옥이 되었음에도 장 도미니크 보비는 유일하게 남은 기능인 눈꺼풀 깜빡이기를 통해 의사를 표현합니다. 한 번 깜빡임은 Yes, 두 번은 No로 알파벳 철자판을 든 대필 작가에게 생각을 전달하여 글을 써 내려갔고, 20여만 번의 깜빡임 끝에 책을 완성한 후 일주일 뒤 사망합니다. 15개월간의 지난한 여정 끝에.

제아무리 정신을 똑바로 차리고 살아도 크고 작은 비극을 피할 수 없는 게 삶의 슬픈 섭리입니다. 미약하나마 대비가 가능한 극소수를 제외하면 그저 비켜 가기를 기도할 수밖에요. 불행을 맞이한 인간은 십중팔구 '왜 하필 나일까'라는 철학적 관념에 사로잡히는데, 규모가 큰 불운일수록 이유와 원인을 찾기 힘들고 꼭 그래야만 하는 것도 아닙니다. 어떻게든 입구를 찾아 회귀하고픈 심정은 이해가 가나 현실적으로 더 중요한 건 '누구에게나 어떤 일이든 일어날 수 있는 게 삶이고, 나에게도 그런 부류의 일이 생겼구나'라고 받아들이고 출구를 모색하는 일이니까요. '왜 하필 나일까'라는 의문에 해답을 준 것은 아니나 보비의 행적은 인간이 고통을 대하는 하나의 표본을 제시했습니다.

무의식

인간은 놀랍도록 자신의 과거를 반복하는데, 무의식이라는 마음의 작용 때문입니다. 매 맞는 가정에서 자란 사람이 자신도 모르게 자녀를 학대하게 되고, 알코올 중독자 아버지를 둔 딸이 비슷한 남자와 결혼하고, 평판이 안 좋은 사람이 이직 후에도 비슷한 어려움을 겪는 게 대표적인데요. 오스트리아의 유명 정신분석가 지그문트 프로이트Sigmund Freud가 강박적 반복이라 명명한 현상인데, 근본 원인은 무의식을 파악하지 못해서입니다. 비의식이라고도 불리는 무의식은 마음의 영역 중 심층부에 위치하여 의식적으로 깨닫지 못하는 모종의 사각지대입니다. 빙산으로 치면 수면 위로 노출된 부분이 의식, 물에 잠긴 부분이 무의식인데요. 인간이 타인의 흠에는 민감하지만 자신의 허물에는 관대한 현상 또한 방어기제가 작동하여 받아들이기 힘든 모습을 무의식으로 내보내서인데, 자신의 일부로 인정하기에 너무 수치스럽다 보니 차라리 인식하지 않는 것이죠.

정신분석은 자신이 알지 못하는 마음을 알아가는 치료입니다. 정신분석의 중요한 치료 원리 중 하나는 무의식을 의식화하는 것인데, 인식하지 못하는 마음의 영역이 의식적인 생각과 행동, 감정에 계속해서 영향을 끼치기 때문입니다. 이는 인간의 마음에서 무의식이 차지하는 비중이 90%를 상회해서인데, 반대로 무의식을 의식의 영역으로 끌어올리면 자신의 언행을 깊이 있게 이해할 수 있습니다. 레지던트 시절, 무의식은 사뭇 난해한 테마였습니다. 전공의 수련 과정에서 주요하게 배우는 다른 심리치료법보다 정신분석 이론이 방대하고 추상적이라 1~2년 차 때만 해도 이해가 가지 않는 부분이 많았는데요.

전문의 자격을 취득하고서 돌이켜보니 4년의 레지던트 기간은 무의식에 대한 이해도를 점층적으로 높여 가는 시간이었습니다. 1~2년 차 시절에 매주 진행된 입원 환자 증례 발표, 2년 차 여름부터 1년 넘게 이어진 심리치료 수퍼비전, 치프 레지던트 기간에 받은 교육분석, 정신분석 이론을 공부하기 위해 참석했던 각종 학회와 세미나까지. 환자의 얼핏 이해하기 어려운 증상과 언행의 숨은 뜻을 파악하고 치료 실마리를 조금이라도 더 획득하기 위해 분석 공부는 계속되었고 그러면서 차츰 마음속 그늘진 곳을 들여다보는 눈을 뜨게 되었습니다. 이는 정신분석 교과서에 가장 자주 등장하는 용어이자 의과대학 정신과 수업 때 교수님께서 누누이 강조하신 '나는 어떠한가'라는 성찰적 태도와도 접점이 컸는데요.

아픔의 깊이에는 차이가 크겠지만 상처 없는 인간은 존재하지 않습니다. 이 점은 환자를 치료하는 심리 전문가들도 결코 예외일 수 없는데, 차이점은 자기 성찰입니다. 내담자와 마찬가지로 한 명의 인간에 지나지 않지만 치료자는 자신의 마음에서 일어나는 움직임이 어디서 기인했는지 반복적으로 되돌아보고, 이를 사회에서 용인하는 방향으로 변환할 수 있어야 합니다. 정신과 의사, 심리학자들이 스스로를 돌이켜보는 가장 대표적인 수단은 교육 정신분석입니다. 명확한 통계는 없으나 상당수의 치료자가 경험했다고 알려져 있는데 내담자의 입장이 되어 경험 많은 분석가에게 분석을 받는 것입니다. 교육분석은 크게 세 가지를 목표로 합니다. 치료자가 자신의 무의식을 의식화하여 전문가이기 이전에 사람으로서 성숙해지고, 분석가의 언행을 관찰하여 치료 기법을 습득하고, 마지막으로 내담자의 처지를 간접적으로나마 체험하기 위함입니다.

개인적으로는 치프 레지던트가 된 3년 차 겨울부터 선배를 따라 1주일에 한 번씩 수행하였습니다. 처음 교육분석을 받으러 간 날, 분석가는 정신분석의 목표와 20~30여 년 전 자신이 미국에서 교육분석을 받은 일화를 들려주셨습니다. 국제 정신 분석가가 되기 위해 5년 동안 일주일에 5회씩 도합 1250번의 분석을 받은 얘기, 무의식을 이해하는 원재료로써 꿈과 전이 그리고 자유연상의 중요성, 최종 지향점은 자신의 생각과 감정, 행동을 스스로 돌이켜보는 자가분석이라는 사실까지. 대부분 레지던트 1~2년 차 때 배운 내용이었는데 뜻밖에도 무의식이 창조성과도 관련 있다는 사실을 새로이 알게 되었습니다. 단순히 어둡고 부정적인 기억의 저장고가 아니라 가능성의 원천일지도 모른다는 얘기입니다. 분석심리학을 창시한 스위스 정신과 의사 카를 구스타프 융Carl Gustav Jung이 고안하여 후대 분석가들이 발전시킨 개념인데, 공격성과 성적 충동을 중시한 프로이트의 시각과 차이가 나는 부분이기도 합니다.

대학원 진학을 포기한 비용으로 1년간 수행한 개인분석은 지나온 발자취를 되돌아보며 내면을 살피는 뜻깊은 시간이었습니다. 생애 첫 기억부터 청소년기, 의대 재학 기간을 거쳐 최근 시점에 겪은 일을 복기하며 다양한 생각과 감정이 들었습니다. 30년이라는 세월을 떠오르는 대로 돌이켜보니 새옹지마라는 말대로 안 좋은 일도 좋은 일도 모두 있었습니다. 남들에게 쉽게 털어놓지 못한 어려움도 있었지만 누구보다도 훌륭한 분석가와 교수님, 동료들을 만나는 행운도 있었습니다. 50여 번의 세션이 말미에 다다른 시기에는 한 뼘이나마 인식의 지평을 넓혔는데, 100%는커녕 채 10%도 알 수 없는 게 사람의 마음이라지만 정신의 사각지대를 탐색하며 과거가 현재에 끼치는 영향을 선연히 파악할 수 있었습니다. 특히 여타의 정신과 의사들과 달리 외모심리학에 관심을 갖게 된 이유, 퇴근 후 밤늦게까지 관련 분야 원서, 논문을 찾아볼 수 있었던 원동력을 돌이켜보는 계기가 되었는데, 이는 『못생김의 심리학』을 집필해야겠다는 결심으로 이어졌습니다. 초고 제목이었던 '외모 스트레스를 줄이는 방법' 또한 무의식의 왕도라 불리는 꿈에서 알려주었는데, 정신의 신비스러운 힘에 다시 한번 경탄할 따름입니다.

외모지상주의
풍조

전공의 시절, 정신과 의사는 전 분야의 최신 정보와 트렌드를 빠른 속도로 파악하는 얼리 어답터여야 한다는 가르침을 받았습니다. 새로운 약이 출시되면 기존 약과 기전, 효능, 부작용을 대조해서 확인하고 유망한 치료 옵션(가상 현실을 이용한 불안 장애 치료, 불면증의 디지털 치료제, 인공지능을 활용한 심리 상담)이나 중요한 정책 변화(정신응급의료센터, 외래치료지원 제도, 마약류 중독자 치료보호제도 등)에 관한 기사가 뜨면 민첩하게 정보를 획득합니다. 의학 정보의 지속적인 업데이트는 진료과를 불문하고 진행하는 일이지만, 정신건강의학과 의사는 한 걸음 더 나아가서 사회 이슈에도 민감할 수밖에 없습니다. 소속된 사회의 동향이 주관적 안녕감에 끼치는 영향이 무시하지 못할 정도로 크며, 때로는 직간접적으로 정신 질환을 촉발시키기도 합니다. 그로 인해 큼지막한 사건이나 시류 변화를 상시적으로 훑는 습관을 갖게 되었는데, 사어유수 활어역수 死魚流水 活魚逆水*라는 표현처럼 끊임없이 정진하지 않으면 퇴보하는 게 치료자의 직업적 숙명입니다.

현대인의 신체 이미지 문제와 직결된 사회·문화적 현상으로 흔히 SNS와 유튜브 그리고 외모지상주의(엄밀한 정의의 외모지상주의가 아닌 대중적으로 통용되는 미美를 향한 본능적 선호에서 비롯된 차등성의 개념으로 접근하겠습니다) 세 가지를 꼽습니다. SNS와 유튜브는 정보 통신 기술의 발전과 궤를 같이하며, 외모지상주의 풍조는 정확한 원인을 설명하기는 어렵지만 다음의 몇 가지 가설이 있습니다.

첫 번째는 외모의 사회적 가치가 이전보다 높아졌다는 주장입니다. 2010년대부터 SNS와 유튜브 사용자가 급증하면서 새로운 직업(유튜버, SNS 마케팅 전문가)이 창출될 정도로 일상에 많은 변화가 생겼습니다. 전문 유튜버가 아니더라도 의료계를 포함하여 사회 전 분야에서 영상 매체의 활용도가 증가 추세인데, 사람의 뇌는 외부 정보의 80%를 시각을 통해 받아들이는 특성이 있습니다. 자연스레 외모의 값어치가 상승하고 미

---

* 죽은 물고기는 물의 흐름에 떠내려 가지만, 살아 있는 물고기는 물을 거슬러 올라간다.

는 2010년대 초반보다 더욱 강력한 경쟁 수단으로 자리 잡았습니다.

생활 방식도 많이 변했습니다. 농경 사회와 달리 도시화와 개인주의 경향으로 대인 관계가 파편적으로 바뀌었고 오랜 시간 같이 지내면서 알게 되는 참모습을 파악하기 어려워지면서 즉각적으로 확인 가능한 외모의 역할이 커졌습니다. 일각에서는 서비스업 비중이 늘어나 미의 중요성이 높아졌다고 말하는데, 이 또한 도시화와 무관하지 않을 듯합니다.

세 번째로 고려해야 할 점은 연예 산업의 파급력입니다. 현대 사회에서 연예인은 미의 표준이자 젊은 나이에 부와 명예를 거머쥔, 소위 다른 세상에 사는 사람입니다. 물론 외모 하나만으로 스타가 되기는 어려울 수 있으나 일정 수준의 미를 갖추지 못하면 진입조차 불가능한 게 사실인데, 일반인이 상상조차 할 수 없는 화려한 삶을 미디어를 통해 상시로 들여다보다 보니 외모가 성공의 상징처럼 느껴집니다.

네 번째는 진화심리학에 기반한 가설입니다. 호모사피엔스 이후 문명이 급격한 속도로 발전하여 인간 두뇌가 미처 따라오지 못한 바람에 원시 시대의 습성으로 남성은 얼굴이 예쁘고 몸매가 굴곡진 이성을, 여성은 채집과 사냥, 싸움에 유리한 골격을 갖춘 남성을 선호하고 이것이 표준적인 심미관이라는 가설입니다.

외모지상주의와 관련하여 객관적으로 입증된 사실은 기능적 뇌 영상검사를 통해 밝혀진 정보인데, 예쁜 얼굴을 보면 보상 회로의 핵심 부위인 측좌핵이 활성화합니다. 초콜릿을 먹거나 다정한 스킨십, 게임, 쇼핑 등을 통해 즐거움을 느끼듯 예쁘고 잘생긴 사람을 보면 기분이 좋아지는 게 어쩔 수 없는 뇌의 성질이라는 얘기입니다.

임상의로서는 외모지상주의 풍조의 정확한 원인보다는 결과 쪽에 관심을 둘 수밖에 없는데요. 의료 현장에서 진료하다 보면 신체 이미지 문제를 겪는 환자들을 심심찮게 만나곤 합니다. 거식증이나 폭식증처럼 신체 이미지가 심각하게 훼손된 질환 외에도 외모가 우울증, 스트레스 질환을 유발하는 촉매로 작용하는 경우를 목도합니다. 고도 비만으로 따돌림을 당한 후 적응장애로 개방 병동에 입원한 중고등학생, 외모에 자신이 없어 거울을 쳐다보지 못하는 여성, 면담실에서도 모자를 푹 눌러쓰고 땅으로 꺼질 듯한 목소리로 대답하는 청소년, 난치성 피부병으로 우울증이 발생하여 약물을 음독한 여대생. 심지어 조현병처럼 신체상과 전혀 무관한 사유로 진료를 받는 경우에도 체중 증가가 덜한 약물을 환자 측에서 먼저 요구하거나 급기야 체중 스트레스로 치료를 중단하기도 합니다. 마찬가지로 다른 이유로 상담을 시작했어도 다수의 내담자가 자신의 모습에 만족하지 못한다는 사실을 전해 듣는데, 미를 중시하는 트렌드의 부산물이라는 추측입니다. 설상가상으로 뷰티 산업 성장세를 고려할 때 신체 이미지로 어려움을 겪을 사람의 수가 훨씬 더 늘 것으로 추정되는 만큼 좌시할 수만은 없었습니다. 이것이 외모심리학 대중서를 집필하게 된 가장 중요한 이유 중하나입니다.

정신신체의학 전문가가 되기까지

정신과 의사로서 저의 세부 전공은 정신신체의학psychosomatic
medicine입니다. 북미, 유럽에 비해 국내에서는 인지도가 낮은
분야인데, psychosomatic은 정신을 뜻하는 그리스어 psyche와
몸을 뜻하는 soma의 합성어로 몸과 마음의 유기성을 고려해
질병을 치료하려는 접근법입니다. 고도로 세분화된 현대 의학
의 기계론적 측면(심신을 종합적으로 보지 않고 흡사 고장 난
기계를 고치듯 병든 부위만 선별적으로 치료하는 점)을 지적하
는 사람들은 "몸과 마음은 분리된 게 아니라 서로 통한다", "병
을 보지 말고 병을 앓는 사람을 봐야 한다"고 말하는데 정신신
체의학에서 추구하는 전인적 접근과 맥락이 일치합니다. 과거
에 비해 의료 수준이 향상되어 단순히 생사의 문제보다 삶의
질을 향한 관심이 높아지면서 미국에서는 수요가 많아진 전공

입니다. 실제로 신체 질환은 종종 우울, 불안, 섬망 등의 정신적 어려움을 동반하고(예: 유방암으로 가슴 적출 후 여성성 상실로 인한 디스트레스를 겪는 환자), 반대로 마음의 문제가 몸에 일으키는 악영향(예: 우울증이 악화되어 당뇨 약 복용을 소홀히 하는 환자)도 빈번합니다. "건강한 몸에 건강한 정신이 깃든다", "스트레스가 만병의 근원이다" 등의 말을 떠올리면 이해가 빠를 것 같습니다.

정신신체의학 전문가로서 수백 명이 넘는 환자를 진료하면서 깨달은 놀라운 사실은 몸의 문제에(내부이든 외부이든) 대응하는 방식이 사람마다 천차만별이라는 점입니다. 상식적으로 생각하면 스트레스의 크기는 병의 중증도에 비례해야 하고 실제로도 어느 정도 연관성이 관찰되지만 이따금 정반대로 대응하는 경우를 목격합니다. 가령 비슷한 연령대에 염증성 장 질환을 진단받아 평생 면역억제제를 복용해야 한다는 소견을 들었을 때 ① 눈물을 터뜨리며 수년간 좌절하는 사람도 있지만, ② "약만 잘 먹으면 큰 지장 없이 살 수 있대"라며 덤덤히 받아들이고 별다른 문제없이 일상을 영위하는 직장인도 있습니다. 외모 문제에 대처하는 방식도 마찬가지로 차이가 큽니다. 난치성 피부 질환으로 ③ 대인 기피증이 생겨 학교를 자퇴하는 학생들이 있는 반면 ④ 처음에는 어느 정도 스트레스를 느껴도

무탈하게 본래 궤도로 돌아오거나 심지어 ⑤ 전혀 개의치 않는 사람도 있습니다. 모두 몸의 문제는 그대로라는 공통점이 있으나 ②, ④, ⑤의 경우에는 건강이나 외모 문제가 다른 영역(대인 관계, 학업 및 직장 생활)으로 확산되지 않았습니다. 반면 ①, ③의 경우 몸에 발생한 이상이 총체적 어려움의 출발점이 되었고요.

처음에는 이러한 대처 방식의 차이가 선뜻 이해가 가지 않았는데 해답은 생물심리사회적 모델biopsychosocial model에 있었습니다. 생물학적 측면(성별, 연령, 건강, 외모, 취약성 등), 사회 환경(사회·문화적 풍조, 가족, 직업, 종교 등), 심리 특성(자존감, 성격, 신체 이미지, 마음가짐 등)이 결합하여 스트레스의 크기를 결정한다는 이론입니다. 단순히 신체적 문제의 중증도가 아닌 환경과 마음의 힘이 부가적으로 작용해 스트레스에 대처하는 기제가 결정된다는 의미인데, 정신신체의학 클리닉에서는 이 원리를 역으로 이용합니다. 건강이든 외모이든 몸의 문제에 적응하는 역량을 북돋기 위해 다양한 심리 기술(인지 재구조화, 행동 활성화, 마인드풀니스, 수용 전념 등)을 활용합니다. 국내의 경우 어느 정도 규모가 있는 병원에서 정신종양학 위주로 정신신체의학 클리닉이 운영되는데, 단순히 병든 조직을 적출하고 항암제를 처방하던 20세기 방식보다 치료 성적

(특히 질적인 측면에서)이 더 우수하다는 연구[1]를 바탕으로 개설되었습니다.

누군가의 반문대로 정신적 어려움을 다스린다고 해서 몸의 문제가 근본적으로 치료되는 것은 아닙니다. 만성 질환으로 몸과 마음 모두가 지친 환자들을 진료하며 때로는 한계에 부딪히는 것도 사실이고요. 그럼에도 이 일을 지속하는 건 의미 있는 일이라고 확신해서인데, 완치를 기대할 수 없는 문제를 바라보는 관점의 변화가 유의미한 차이를 만드는 걸 진료실 안팎에서 여럿 목격했습니다. 영혼을 짓누르는 짐 덩어리였던 몸이 삶을 살아가는 운명 공동체로 탈바꿈하는 것이죠.

현대인의 외모 고민도 마찬가지입니다. 스트레스를 줄이는 기본적인 원리는 동일합니다. 사회에서 부정적으로 여기는 모습(못생긴 얼굴, 비만, 작은 키, 피부 트러블 등)에 스트레스를 느끼는 정도는 개인마다 편차가 큰데 부적응적인 인지, 행동 습관을 교정하고 마음의 코어를 강화하여 고충을 줄일 수 있습니다. 단순히 정신신체의학 전문가로서 혹은 경험자로서 생각이나 의견, 체험담을 말씀드리려는 게 아닙니다. 서구에서 진행된 연구에 기반하여 신체 이미지를 건강하게 관리하는 방법을 안내할 예정인데, 자세한 내용은 다음 챕터에서 살펴보도록 하겠습니다.

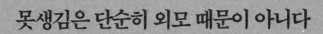

Chapter 2

못생김은 단순히 외모 때문이 아니다

고대 그리스 철학자 아리스토텔레스Aristoteles는 말했습니다. "지혜란 원인을 이해하는 것이다"라고. 현대 정신의학에서 쓰는 인사이트insight라는 개념과 흡사한데 자신의 문제에 대한 인식의 깊이를 뜻합니다. 임상적으로 예후와 매우 긴밀한 연관성을 보이는 요소인데, 신체 이미지에 생긴 문제도 마찬가지입니다. 스트레스가 심할수록 정확한 원인 파악이 선행되어야 합니다. 가령 누군가는 외모 스트레스의 원인을 단순히 예쁘거나 잘생기지 않은 외모라 생각하나 심리학적으로 편향된 관점입니다. 부정적인 신체 이미지는 오랜 시간에 걸쳐 다인자적으로 형성되며 해결법도 결코 한 가지가 아니니까요.

2장은 잘못된 전제("외모가 변하지 않으면 외모 스트레스를 줄일 수 없다")를 무너뜨리는 시간입니다. 아리스토텔레스의 말대로 원인을 정확히 파악했는지 점검해 보기 바랍니다.

외모 스트레스의 원인이
외모라는 생각에 대하여

언젠가 대한민국이 세계에서 성형률이 가장 높은 국가라는 기사가 보도되었습니다. 2011년 국제미용성형수술협회 조사에서 단위 인구당 성형률이 가장 높았는데요. 자료의 신빙성을 감안해야 하나 썩 달갑지 않은 소식입니다. 그만큼 많은 사람이 외모에 불만을 느낀다는 방증이며 일부 전문가는 한 발짝 더 나아가서 자살률과 성형률 간 상관관계를 의심하기도 했습니다.

사람들에게 외모 스트레스의 원인을 물으면 대부분(체감상 90~95% 이상) "외모가 못생겨서 스트레스가 생겼다"라고 대답합니다. 만일 견해가 일치한다면 이번에는 다음 문장의 진위를 생각해 보기 바랍니다. "외모 스트레스는 외모가 바뀌지 않는 한 계속될 거야." 마찬가지로 두 번째 질문에도 대부분 "그렇다"고 답하며 사실상 둘을 동일한 의미로 간주하는데 바로 이 지점이 신체 이미지 회복의 첫 번째 난관입니다.

외모심리학의 프레임에서 두 문장을 분석해 보겠습니다. 결론부터 말씀드리자면 전혀 일리가 없는 건 아니나 옳다고 볼 수도 없습니다. 지금 신체 이미지가 건강한 사람의 상당수가 한때 외모로 스트레스를 받았으나 생김새의 변화 없이 회복했으니까요. 남들보다 못한 모습으로 인해 위축되는 사람도 있는 반면 고충을 느끼지 않는 사람도 있고요. 무엇보다 외모 스트레스의 원인이 외모라는 생각에는 결정적인 반례가 있습니다. 동일한 유전 형질을 물려받아 겉모습에 차이가 없는 일란성 쌍둥이임에도 외모 만족도가 천양지차인 경우인데요. 외모와 신체 이미지가 비례하지 않는 현상인데 단순히 외모가 원인이라면 설명 불가능한 일이죠.

해답은 신체 이미지라는 용어의 정의에 있습니다. 말 그대로 몸body에 관한 이미지image인데 외모와 달리 밖이 아니라 안에서 바라보는 관점입니다. 자신의 몸에 대해 생각하고 느끼는 방식으로 외모와 달리 당사자만이 인식하는 영역이지요. 신체 이미지가 중요한 이유는 자존감, 웰빙 지수와 긴밀한 연관을 보여서인데 놀랍게도 외모보다도 영향력이 더 컸습니다. 타인의 눈에 맺히는 객관적인 모습보다 머릿속에 그려지는 주관적인 상이 더 중요하다는 결론인데, 신체 이미지를 파악하는 방법은 간단합니다. 거울이나 셀카 사진을 지그시 들여다보거나 빈 종이에다 자신의 모습을 그리면 되는데, 중요한 건 비치는 모습이나 그림체가 아닙니다. 거울과 사진, 그림을 보고 내가 어떤 느낌을 받았는지를 주의 깊게 살펴야 하는데 자신의 모습이 싫지 않다면 신체 이미지는 양호합니다. 반대로 유의하게 부정적인 느낌이 든다면 신체 이미지 문제를 의심해야 합니다. 설상 거울에 비치는 모습이 객관적으로 예쁘고 잘생겼어도 말이죠.

외모심리학적으로 반드시 기억해 둬야 할 점은 신체 이미지가 외모라는 단일 요인으로 형성되는 게 아니라는 점입니다. 외국에서 진행된 유수의 신체 이미지 연구에 의하면 외모 외에도 개인사, 미디어, 심리적 특성의 영향을 받는데 이를 신체 이미지의 4대 요인이자 외모 스트레스의 4대 원인이라 합니다.[2] 구체적으로 살피면 지금껏 외모에 관하여 들은 얘기들, 미디어에서 전달하는 메시지, 성격과 자존감이 복합적으로 작용합니다. 결과적으로 일란성 쌍둥이여도 자존감, 성향, 관련 경험(외모로 놀림, 차별, 무시를 받았는지 여부 등)에 따라 신체 이미지에 유의미한 차이가 발생합니다. 이는 세간의 맹목적 믿음과 달리 외적인 부분이 변하지 않아도 스트레스를 줄일 수 있다는 결론으로 이어지는데, 다시 한번 말씀드리지만 외모가 충분 요인이 아니기 때문입니다.

신체 이미지는 다인자적으로 형성된다

유감스럽게도 신체상이 부정적으로 형성된 현대인의 대다수가 외모의 변화 없이는 스트레스를 줄이지 못한다는 근거 없는 신념에 현혹된 상태입니다. 4대 원인 중 사회·문화적 메시지의 영향에서 벗어나지 못해서인데, 건강한 신체상을 형성하려면 점진적으로 교정해 가야 합니다.

아직 납득이 안 되는 분도 틀림없이 있을 겁니다. 지난 수십 년간 옳다고 믿었던 신념이니 어찌 보면 당연한 일인데, 수긍하기 어려워도 일단은 기억해 두길 바랍니다. 틀림없이 옳다고 믿었던 도식에 의문을 품고 심리학적으로 검증된 사실을 수용하면서 차츰 변화가 생길 테니까요. 신체 이미지가 다인자적으로 형성된다는 사실을 머릿속에 입력했다면 다음 페이지로 넘어가기 바랍니다. 4대 원인의 개별 요소를 살펴보겠습니다.

보디 토크^{body talk*}가
신체 이미지에 남기는 흔적

앞서 언급한 대로 신체 이미지는 다원적인 개념입니다. 생김새, 심리적 특성, 미디어 그리고 개인사가 복합적으로 작용해 형성되는데요. 여기서 외모와 자존감은 개인이 보유한 특성입니다. 반면 미디어의 메시지와 외모와 관련한 삶의 경험은 외부에서 오는 영향력이고요. 혹 이해가 안 될지도 모르겠습니다. 신체 이미지가 타인의 영향을 받아 형성된다는 사실이. 분명 외모를 향한 생각, 느낌은 개인의 내부 관점이지만 엄밀하게는 주변 사람들과 소속 문화권의 영향을 받습니다. 특히 성장 과정에서 직접적으로 들은 얘기가 신체 이미지에 지우기 힘든 흔적을 남기는데 대만 영화 〈나는 살을 빼기로 결심했다〉를 통해 이를 살펴보겠습니다.

* 외모를 소재로 한 얘기.

46

주인공 장잉주안은 유치원 영양사로 올해 서른 살 된 여성입니다. 유치원에서 그녀의 별명은 '공룡 샘'인데요. 영화 제목과 별칭에서 유추할 수 있듯 주인공은 비만이고, 비만이라서 숱한 일을 겪었습니다. 아직 정서 지능이 미성숙한 아이들은 뚱돼지라고 부르며 외모 자존감에 상처를 주고, 주변 어른들도 그녀를 가만두지 않습니다. 하나같이 못마땅한 눈빛으로 체형을 지적하고, 주인공의 모친도 헬스 PT를 권고하며 은근한 압박을 주는데요. 심지어 동네 아저씨에게 성추행을 당하고 피해 사실을 알리자 "누가 너 같은 뚱땡이를 추행하냐"라는 비아냥을 듣습니다.

만약 주인공이 겪은 일을 똑같이 경험한다면 어떤 심정일까요? 웬만해서는 자신을 혐오하게 됩니다. 피부 상처와 달리 겉으로 드러나지 않으나 장기간에 걸쳐 반복된 스크래치는 신체 이미지에 흉터를 남기니까요. 국내외 많은 연구들이 비만과 외모 스트레스의 비례 관계를 보고했는데, 4대 요인 중 개인사와 직결되는 대목입니다.[3] 단순히 비만이 원인이라기보다 주변에서 비만인 사람을 가만두지 않는다는 얘기이지요.

다행히도 주인공에게 위로를 건네는 인물도 있는데 택배 기사 우입니다. 우는 잘생기고 날렵한 체구의 또래 남성으로 다른 사람과 달리 친절합니다. 주인공을 대하는 태도와 말투, 눈빛에서 따뜻함이 느껴지고, 비만이라고 무시하거나 겉모습을 바꾸려 들지 않으며 장잉주안을 있는 그대로 존중합니다. 또한 어린 시절 비만이었다가 체중을 감량한 개인사를 털어놓으며 스스로를 사랑하도록 조언합니다. 절실하게 필요했으나 이제껏 경험하지 못한 존중과 수용을 통해 두 사람은 가까워지고, 이때까지만 해도 영화는 해피 엔딩이 될 듯싶었는데요. 유감스럽게도 영화에는 충격적인 반전이 있습니다. 바로 우의 먹토*입니다. 호감형 외모와 달리 우는 신체 이미지가 건강한 사람이 아니었던 것이죠.

영화 중반부, 우는 장잉주안에게 이렇게 말했습니다. "다른 사람을 바꾸는 것보다 내가 바뀌는 게 낫다"라고. 발화 당시만 해도 주변 시선에 개의치 말고 자신을 있는 그대로 사랑하라는 조언으로 들렸으나 아니었습니다. 먹토는 놀림이 버거웠던 나머지 어떻게든 체형을 변화시키려 한 절박한 시도였고 장잉주안에게 했던 말의 진의도 '비만을 향한 따가운 시선이 바뀌지 않으니 먹토를 해서라도 살을 뺄 수밖에 없었다'였습니다. 그러나 신체 이미지는 겉모습으로 결정되지 않습니다. 체중 감량에는 성공했으나 어린 시절 상처가 그대로이다 보니 고충은 줄어들 기미를 보이지 않는데, 인위적으로 구토를 유도하는 행위

* 체중 감량을 위해 섭식 후 일부러 구토를 유도하는 행위.

가 문제의 심각성을 보여주는 객관적인 증거입니다.

신체 이미지는 지금까지 들어온 보디 토크의 축적물입니다. 우와 장잉주안처럼 신체상이 건강하지 않은 사람들이 '돼지', '저팔계' 같은 자존감을 갉아먹는 말을 듣지 않았다면 단언컨대 스트레스는 훨씬 덜했을 겁니다. 4대 원인에 포함될 정도로 보디 토크의 잔흔은 오래도록 기억에 남으니까요. 반대로 외모 때문에 차별이나 놀림을 받은 흔적을 조금이라도 엷게 하려면 다음 두 가지를 기억해야 하는데, 우선 책임 소재를 분명히 해야 합니다. 당연한 얘기지만 고통스러웠던 기억은 우와 장잉주안의 잘못이 아닙니다. 그 어떤 관점에서 보더라도 전적으로 발언자의 잘못이니까요. 상처가 깊을수록 타인의 비판을 내면화하여 자신의 탓으로 여기기 쉬운데 두 사람은 어디까지나 피해자이지 가해자가 아님을 인식해야 합니다. 이 점을 머리가 아닌 가슴으로 납득할 수 있어야 합니다.

또 한 가지 염두에 두어야 할 점은 신체 이미지가 시간에 따라 변동한다는 사실입니다. 공교롭게도 10~30대 초반은 외모의 중요성과 스트레스 지수가 가장 높은 시점입니다. 일중 기온이 가장 높은 오후 2시처럼 모든 사람에게서 스트레스가 정점에 달하는 시기로, 반대로 이 지점을 넘어서면 고충이 줄어듭니다. 아무리 무더운 여름날에도 자정을 지나 새벽이 되면 기온이 하강하듯 지금의 어려움도 영원히 지속되지 않으리라는 예측입니다. 그렇다고 "나이가 들면 줄어드니까 외모 스트레스는 대수롭지 않아, 그냥 지켜보면 돼" 하는 얘기는 결코 아닙니다. 우처럼 먹토를 하거나 스트레스가 유의하게 높으면 전문적인 진료가 반드시 필요합니다. 외모심리학적으로 신체상의 자연 경과를 하나의 단편적인 사실로 기억해 두는 건 작게나마 도움이 되는데, 추운 겨울이 지나면 봄이 온다는 섭리를 아는 사람과 그렇지 못한 사람은 추위를 견디는 면역력과 마음가짐에 적잖은 차이가 생기니까요. 이 점은 수험생과 군인들이 디데이를 카운트하는 것과 같은 맥락입니다.

개인사와 신체 이미지 건강 점검해 보기

혹시라도 우와 장잉주안처럼 외모로 힘들었던 기억이 있지 않은가요? 없다면 다행이지만, 그렇지 않다면 관련된 일화 기억을 떠올리고 신체 이미지를 점검해 보기를 권합니다. 어떤 사건이 얼마만큼의 영향을 끼쳤고, 지금 거울을 볼 때 무슨 생각과 느낌이 드는지 한번 확인해 봅시다. 당시에는 힘들었어도 지금은 대수롭지 않다면 상처가 깊지 않을 가능성이 높습니다. 여전히 힘겨움, 먹먹함, 수치심을 느낀다면 마음속 어딘가에 상흔이 잔존한다는 방증인데, 일단은 상처 유무만 확인하고 넘어가기 바랍니다(보다 구체적인 내용은 4장에서 다루겠습니다). 다음 절은 신체 이미지를 조성하는 토양 격인 사회·문화 메시지에 관한 내용입니다. 지금껏 만난 사람들이 나무라면 매스 미디어는 숲에 해당하는 변인이지요.

미디어에서 반복적으로
전달하는 메시지

개인사에 비해 잘 와닿지 않는 개념입니다. 미디어라는 용어 자체가 워낙 포괄적이다 보니 어렴풋이 짐작은 가나 명확히 이해하기 어려운데요. 매스 미디어에서 전달하는 메시지는 외부 요인이라는 점에서 개인사와 결을 같이합니다. 하지만 주변 사람이 아닌 동시대 문화권에 속한 대중을 뜻하는 훨씬 광범위한 개념입니다. 흔히 "나무를 보지 말고 숲을 보라"는 얘기를 자주 하는데, 나무가 개인이라면 숲이 바로 대중 매체입니다. 숲의 토양, 기후, 조도가 나무가 성장하는 데 결정적인 영향을 끼치듯 매스 미디어에서 직간접적으로 전하는 외모 관련 메시지도 신체상에 반영된다는 뜻이죠.

얼핏 너무 당연해서 간과하는 개념입니다. 소속 문화권의 사고 체계, 가치관은 기억하지 못하는 어린 시절부터 서서히 내재화되니까요. 성장 과정에서 나도 모르게 모국어를 익히고 생활 양식(식습관, 에티켓, 사회에서 중요시하는 가치, 종교 등)을 따르게 되듯 사회·문화는 외모관의 밑바탕입니다. 겉모습에 관한 생각(외모지상주의), 느낌(심미관), 행동 방식(패션 트렌드, 성형, 다이어트 등)의 준거를 제시합니다.

출발은 어린이용 애니메이션, 동화입니다. 〈라이온 킹〉, 〈신데렐라〉를 비롯한 거의 모든 작품에서 '잘생기고 예쁜 사람 혹은 동물=주인공, 악당=못생김' 공식이 통용됩니다. 이 점은 2017년 미국의사협회저널에 게재된 연구에서도 확인된 바 있는데, 동서고금을 막론하고 유명 영화에 적용되었습니다.[4] 지금까지 시청한 영화, 드라마, 소설 작품을 떠올리면 그리 어렵지 않게 수긍이 갈 텐데, 빌런은 성별과 무관하게 외모에 결함이 있는 반면 주인공은 유의하게 예쁘고 잘생겼습니다(요즘에는 매력적인 빌런이 증가 추세라는 반박도 있긴 합니다). 만일 실제 모습이 주인공에 가깝다면 외모는 자존감의 씨앗이 되고 반대라면 열등감, 수치심으로 발아합니다. 유년 시절부터 자신과 유사한 신체적 특성을 가진 사람이 받는 대우를 목도하며 신체 이미지가 구축되는 것이죠.

10대 중반이 되면 수위가 한결 높아집니다. TV, 패션 잡지, 온라인 광고 등지에서 끊임없이 미의 우열을 가르는 기준, 외모의 중요성을 전파합니다. 메시지 전달 방식은 각양각색입니다. 일부 프로그램에서는 "뚱뚱한 사람은 자기 관리를 못하고 게으르다", "남성은 재력, 여성은 외모", "키 작은 남성은 루저다"라는 말을 면전에서 언급합니다. 메이크오버 프로그램(성형을 통해 출연자의 외모가 급격히 변하는 걸 보여주는 TV 쇼)에서는 몇 가지 수법(성형 전후 외모 변화가 뚜렷한 참여자만 선정, 방청객의 대조적인 반응, 자막)을 통해 '못생김=비참함, 실패한 삶', '예쁜 얼굴=화려하고 즐거운 인생', '성형=인생 역전' 유類의 메시지를 전합니다. 미국 잡지 『피플』에서는 매년 가장 아름다운 사람을 선정해 미의 표준을 제시하는데, 세계 각국에서 열리는 미인 대회, 특정 모습의 연예인이 자주 등장하는 뷰티·패션 광고와 같은 맥락입니다. 일부 뉴스 기사는 외모의 쓰임새가 낮은 직종(운동선수, 정치인, 기타 이슈를 끄는 인물)임에도 굳이 외양을 평가하여 간접적으로 중요성을 부각하고요.

신체 이미지는 지금까지 수신한 외모 메시지의 축적물입니다. 대중 매체가 전송한 메시지는 사람들의 머릿속에 차곡히 적립되고, 그중에서 유독 자주 전송된 메시지가 외모에 관한 핵심 신념을 형성합니다. 심리학적으로 주의가 필요한 부분은 메시지 내용이 잘못된 경우인데요. 실체적 사실과 부합하지 않는 생각이 반복 전달되면 인지 왜곡을 초래하는데 섭식장애가 대표적인 예시입니다. 20세기 후반 패션 업계에서는 제로 사이즈 모델을 미의 기준으로 제시했는데 이는 거식증 발병의 씨앗이 되었습니다. '체중이 적게 나갈수록 예쁜 거야', '마르지 않은 몸은 잘못된 거야'라는 사고방식을 주입했고 취약성이 높은 군(젊은 여성, 예체능 직종)에서 식이장애 위험이 증가했습니다. 의학적으로 체중은 체계적인 연구를 통해 정상 기준이 마련된 지표입니다. 객관적으로 정상 범주에 속한 사람들이 비정상적으로 마른 몸을 선망한 기현상은 메시지의 잔해임에 틀림없는데, 고충을 줄이려면 근본적인 대응책을 마련해야 합니다.

잘못된 정보를 필터링하는 문해력 기르기

존재감이 없으나 발암 인자로 밝혀진 미세먼지처럼 외모 메시지는 신체상을 부정적으로 물들이는 주범입니다. 신체 이미지를 건강하게 만들려면 역으로 정보의 진위를 분별하는 작업이 필요한데, 거식증 사례에서 보았듯 인지 오류를 심심찮게 찾을 수 있습니다. 매스 미디어의 전송물들은 애초부터 한계를 내재할 수밖에 없는데, 트렌드를 의미하지 개인 선호도를 반영하지 못하는 점입니다. 가령 상당수의 여성이 BMI가 20 미만인 체중을 선망하나 정작 마른 체구에 매력을 못 느끼는 남성이 적잖습니다. '못생긴 외모=악당, 예쁜 여성=착한 사람'이란 고정 관념도 재고가 필요한데, 비록 영상물에서는 생김새만 보고도 빌런임을 짐작할 수 있으나 외모와 인성 사이에는 모두가 알다시피 인과 관계가 성립하지 않습니다. 영화 속 악당들은 부정적인 외관과 사악함이라는 별개의 특성을 동시에 지닌 것이지 못생겨서 포악해진 게 아니니까요. 같은 방식으로 미디어에서 유래한 사고 오류를 교정할수록 신체상이 건강해지는데, 자세한 사항은 3장 외모심리학 카운슬링 & 심층상담에서 살피도록 하겠습니다.

객관적인 외모가 아닌
상대적인 외모

부정적인 신체 이미지의 원인을 물으면 경험상 90~95%는 '못생겨서'라고 대답합니다. 분명 4대 원인 중 하나인 것은 사실이나 외모 스트레스가 생기는 본질적인 이유는 상대성입니다. 외모에 관한 생각이나 느낌이 고유한 생김새가 아닌 비교에서 비롯한다는 얘기인데요. 예컨대 흔한 고민거리인 작은 키, 못생긴 얼굴, 체중 스트레스는 단순히 키가 작고 못생기고 비만이어서 발생하는 게 아닙니다. 적확하게 말해 남들만큼 못하니 고충을 겪는 것이죠. 기준은 매스 미디어에서 제시한 이상형 (남성: 키 180센티미터, 근육질 체형, 짙은 눈썹, 여성: 쌍꺼풀, 높은 코, 긴 생머리, 마른 몸)이고요. 성장 과정에서 반복 학습한 미의 기준을 척도 삼아 외모를 비교하고 상대적 순위가 뒤처지면 열등감이 생기는 메커니즘인데요. 이는 사람의 정신에 내재한 속성 중 비교하는 경향social comparison과 관련이 깊습니다.

SNS가 외모 열등감을 부추긴다는 연구 결과도 같은 맥락입니다.[5~7] 예쁘고 날씬한 사람들이 많이 이용하는 데다 보정한 사진(피부, 몸매, 행복해 보이는 모습)을 올리는 경우가 대부분이라 나도 모르게 자존감이 떨어집니다. 객관적 상황에는 변함이 없으나 상대적으로 초라하다고 느끼니까요. 반면에 다소 극단적인 예시이긴 하나 무인도나 사막에서 홀로 거주한다면 외모는 의미를 소실하는데 단순히 신체 표면이기 때문입니다. 외형미의 희소성에서 비롯되는 가치를 알아주는 이가 없으니 순위나 열등감, 스트레스 같은 개념은 무용지물이 됩니다.

유감스럽게도 현대인이 처한 상황은 180도 상반됩니다. 사회·문화적으로 겉모습을 비교하지 않기가 불가능한 환경(범용화된 SNS, 유튜브, 외모지상주의 풍조)인데 다른 부문과 달리 외모 비교는 난제를 수반합니다. 모두가 알다시피 변화가 용이하지 않다는 점이죠. 타고나지 않은 이상 개선이 어렵고(비만), 불가능하다 보니(얼굴 형태, 골격) 십중팔구 만성적인 열등감으로 이어집니다. 결과는 치명적이기도 합니다. 가변성이 없는 부위를 향한 열등감은 성형 중에서도 특히 위험성이 높은 수술로 이어지고, 상대적으로 가변적인 체중 스트레스 또한 심리적 취약성과 결합하면 섭식장애로 이행할 우려가 큽니다.

외모 스트레스의 원인이 객관적인 모습이 아닌 상대성이라는 점은 신체 이미지 회복의 실마리이기도 합니다. 비교라는 변인을 조절하여 스트레스를 줄일 수 있어서인데, 외모심리학적으로 비교 방식과 매체 두 가지를 고려해야 합니다. 흔히 젊은 세대들은 비교를 할 때 부당한 방식으로 진행하는 경향이 있습니다. 소속 집단에서 가장 예쁘고 잘생긴 사람과 비교한다든가, 콤플렉스 부위만 보는 식으로요. 나보다 못한 사람은 애초부터 리스트에서 제외하니 스트레스는 필연적입니다. 외모 비교의 장을 대면(친구나 지인), 전통 미디어(TV, 잡지에 등장하는 유명인), SNS의 세 가지로 분류 시 비대면 비교가 특히 문제입니다. 앞서 언급한 대로 미디어에는 외모가 뛰어난 사람의 비중이 높고, 특히 SNS에는 인위적으로 가공한 사진을 올리기 마련입니다. 상위 1%의 미를 갖춘 사람의 풀메이크업, 포토샵으로 꾸민 모습과 자신의 본 모습을 비교하니 십중팔구 패배감을 느끼게 되고, 실시간으로 업데이트되는 '좋아요', '외모 찬양 댓글'은 열등감에 기름을 붓습니다.

만일 상대적인 외모가 스트레스라면 3, 4장에서 자세히 언급하겠지만 사람을 볼 때 외모가 아닌 다른 특성(건강, 인성, 지능, 운동 신경 등)도 입체적으로 살피는 습관을 들여야 합니다.

생김새가 가장 먼저 눈에 들어오는 건 어쩔 수 없지만 전부가 아닌 일부라는 사실을 인식해야 합니다. 정체성에서 외모가 차지하는 비중도 고려해야 합니다. 가령 연예인에게 외모는 무엇과도 바꿀 수 없는 중요한 요소이며 SNS에서 활발히 활동하는 인플루언서도 마찬가지입니다. 그런 사람과의 비교는 애초부터 부당한 일이니 타인의 특장점을 살피는 데 골몰하기보다 다방면에서 바라보는 습관을 형성해야 합니다.

마지막으로, 어쩔 수 없이 비교를 한다면 같은 소속 집단에 속한 사람보다는 동질감이 낮은 사람을 고르는 게 낫습니다. 외모를 제외한 다른 스펙이 유사한 사람보다 재산, 학력, 인성, 사회성 중에 이질적인 면이 있는 대상을 택하라는 권고입니다.

행복의 첫 번째 비밀은 타인과 비교하지 않는 것이다

비교는 뇌가 보내는 일종의 신호입니다. 집단에서 개인의 위치, 상황을 끊임없이 고지하여 일정한 범위를 벗어나지 않도록 돕는 역할인데요. 독서실에서 열심히 공부하는 친구를 보며 긴장이 되고 집중력이 올라가는 현상이 대표적인데, 비교의 소재는 소속 집단에서 중요시하는 무언가입니다. 수험생은 성적에 예민하고, 직장인은 급여에, 헬스장을 다니는 사람들은 옆 사람의 운동량을 살핍니다. 다른 연령대보다 유독 20대의 성형률이 높은 건 그만큼 외모를 중요시하는 시기이기 때문이죠.

비교 행위에 순기능만 있는 건 아닙니다. 스트레스는 비교가 수반하는 기회비용으로 일시적이라면 문제가 되지 않으나 빈도가 잦으면 피로, 무기력, 우울감이 발생합니다. 만약 따라잡는 게 불가능하면 열등감의 부피가 팽창하여 무력감으로 이어지고요. 따라서 외모처럼 변화가 제한적인 특성일수록 마음을 다스리려는 노력이 필요합니다. 특히 부당한 비교 경향(예쁘고 잘생긴 사람과 비교, 콤플렉스 부위만 비교하는 것)을 가장 먼저 바로잡아야 하는데, 정신의학자 프랑수아 를로르Francois Lelord의 말대로 행복의 첫 번째 비밀은 다른 사람과 나를 비교하지 않는 것이니까요.

자존감과 신체 이미지의
상관관계

신체상을 구성하는 마지막 요소는 바로 자존감입니다. 신체 이미지와 외모, 자존감은 유기적으로 연결되어 있는데 우선 외모와 신체 이미지의 관계부터 살펴보겠습니다. 네 가지 경우의 수를 생각해 봅시다. 외모가 뛰어나고 신체 이미지도 건강한 경우, 외모가 별로이고 신체 이미지도 부정적인 경우, 외모는 별로이나 신체 이미지가 양호한 경우, 외모는 뛰어난데 신체 이미지가 부정적인 경우. 최상의 시나리오는 당연히 외모와 신체 이미지 모두가 뛰어난 경우이고 최악은 둘 다 부정적인 상황입니다. 여기까지는 아무도 이견이 없을 텐데, 그렇다면 차상과 차악은 무엇일까요? 대부분은 외모가 별로인데 신체 이미지가 긍정적인 경우보다는 신체 이미지가 부정적이어도 외모가 뛰어난 상황을 선호합니다. 외모의 위력과 중요성을 뼈저리

게 체감한 반면 아직 신체 이미지에 대한 이해도가 부족하기 때문이지요.

외모심리학적으로 정답은 전자가 차상, 후자가 차악입니다. 생김새가 가산점 혹은 감점 항목이라면 신체 이미지는 결과값에 해당하기 때문인데요. 극단적이긴 하나 이를 시사하는 예시로 신체이형장애body dysmorphic disorder라는 정신 질환이 있습니다. 객관적인 생김새에는 이상이 없으나 뇌 회로의 결함으로 자신의 모습을 부정적으로 지각하는 병인데, 인터넷 기사에 의하면 배우 메간 폭스가 유병 중이라고 밝힌 바 있습니다.[8]

3장에서 다시 언급하겠지만 신체이형장애의 치료는 까다로운 편입니다. 외모 콤플렉스가 극심해 75%에서 우울증을 겪고 성형 중독, 자살 기도로 이어지는 경우도 흔한데, 웰빙 지수의 관점에서 외모와 신체 이미지 간 우선순위를 명확히 해줍니다. 외모가 삶의 질을 낮출 수 있는 다수의 요인 중 하나인 반면, 신체상이 부정적이면 겉모습과 무관하게 당사자는 100% 확률로 고충을 겪습니다. 네 가지 경우의 수에 대한 논쟁은 애초부터 불필요했다는 얘기이지요.

다음으로 신체 이미지와 자존감의 관계를 살펴보겠습니다. 둘은 서로 정교하게 맞물린 톱니바퀴를 떠올리면 이해가 빠른데 그만큼 상호 의존적이라는 얘기입니다. 거의 모든 경우 신체 이미지가 건강하지 않으면 자존감도 낮고, 반대로 자존감이 낮으면 신체 이미지도 부정적입니다. 둘은 어의적 측면에서부터 유기적인데, 외모에서 받는 느낌을 뜻하는 신체상과 자신을 향한 느낌인 자존감이 별개일 수 없으니까요. 이처럼 서로 분리해서 생각하기 어려운 자존감, 몸, 생김새의 유기적 관계는 외모 스트레스를 줄이는 토대가 됩니다. 외모에 변함이 없어도 자존감을 높이면 신체 이미지도 덩달아 향상될 테니까요. 실제로 외모 기형자를 대상으로 진행한 해외 연구에서도 단순히 외양이 신체상을 좌우한 게 아니라 심리적 특성이 매개체로 작용했다고 밝혔습니다.[9] 겉모습에 현저한 이상이 있어도 자존감의 높낮이에 따라 신체 이미지의 차이가 크다는 결론이지요.

신체상은 외모가 바뀌지 않아도 얼마든지 변할 수 있다

결국 신체 이미지는 타인의 눈에 담기는 상이 아닌 내가 나를 바라보는 내면의 거울입니다. 설령 다른 사람의 눈에 부정적으로 비쳐도 내가 그 모습을 수용한다면 신체 이미지는 양호합니다. 반대로 자존감이 낮으면 외모 스트레스에 취약해집니다. 거울에 비치는 모습과 무관하게 외부 시선과 말에 위축되고 사소한 변화에도 예민해집니다. 정도가 심하면 사회 불안을 느끼다 종국에는 고립에 이르게 되고요.

만일 신체 이미지가 부정적으로 형성되었다면 대부분 차악과 최악 두 지점에 있을 텐데 외모심리학적으로 목표는 간명합니다. 앞서 살펴본 네 가지 경우의 수에서 '최악을 차상으로, 차악을 최상으로 끌어올리기'입니다. 외모가 아닌 다른 변인들을 조절하여 스트레스를 줄이는 원리이지요. 2장을 마치며 신체 이미지가 부정적으로 형성되는 원인을 보다 다면적으로 파악했기를 기대합니다. 기존의 '외모가 변하지 않으면 외모 스트레스를 줄일 수 없다'라는 편중한 관점에서 어느 정도 벗어났다면 3장으로 넘어가기 바랍니다. 2장이 부정적인 신체 이미지의 뿌리라면 3장은 줄기에 해당하는데, 고민을 분석한 후 왜곡된 생각을 가지치기할 예정입니다.

Chapter 3

외모심리학 카운슬링 & 심층상담

이따금 심리치료와 일상에서 지인에게 하는 고민상담의 차이점이 무엇이냐는 질문을 받곤 합니다. 가장 큰 차이는 전문성입니다. 자신의 말에 책임을 지지 않는 사람과 달리 치료자의 입에서 나오는 모든 말에는 의도와 근거가 있습니다. 일반인이 하는 말이 개인의 가치관과 경험에 편향될 수밖에 없는 반면 전문가는 과학적으로 검증된 정보와 보편적 사실에 기반하여 상담을 진행합니다. 요약하자면 말 한마디가 지닌 무게를 아는지 여부가 되겠고요.

3장에서는 열 가지 흔한 고민에 대한 답변을 준비했습니다. 2장에서 익힌 기본 개념을 바탕으로 문제를 분석한 다음 솔루션을 제시했는데 핵심은 방향입니다. 낯선 여행지에서 틈틈이 표지판을 살피듯, 신체 이미지처럼 인간의 오감으로 인식할 수 없는 추상적 개념일수록 잘못된 길로 들어서지 않도록 유의해야 합니다. 우려스럽게도 실생활에는 엉터리 안내문('외모=전부', '체중=전부' 등)이 너무나 많이 부착된 상황이고요. 만일 세간의 풍문에 휘둘려 잘못된 방향으로 가고 있었다면 지금이라도 발걸음을 돌리기 바랍니다. 인터넷, SNS, 제삼자의 유언비어가 아닌 외모심리학적으로 검증된 지식을 따르길 권합니다.

부러움, 질투, 원망, 좌절:
나보다 예쁜 친구를 지켜보는 솔직한 심정

과에서 제일 예쁜 친구랑 다니는 흔녀입니다. 처음에는 제 급도 올라가는 것 같아 으쓱했는데, 언제부턴가 사람들이 저를 '예쁜 애의 친구' 정도로 여기더라고요. 저도 좋은 남자를 만나 연애하고 싶은데 남자들은 제 친구한테만 관심이 있어 짜증이 날 때도 있습니다. 정말 착한 친구여서 이런 생각을 하는 제가 싫은데, 여자한테는 정말 외모가 전부인 것 같아요. 평소 외모를 크게 의식하는 편이 아니었는데, 어떨 때는 성형을 해야 하나 생각마저 들어요.

외모에 관한 다소 오래된 낭설 중 "여자가 예쁘면 고시 삼관왕이다"라는 말이 있습니다. 미가 여성의 가치를 좌우하는 결정적인 요인이라는 메시지인데요. 온전히 부정하기는 어렵습니다. 예쁜 여성이 크고 작은 혜택을 누리는 건 인간이 자신의 삶에서 직접 경험으로 습득하는 다소 불편한 사실 중 하나이니까요. 남자라고 해서 예외는 아닙니다. 신체적 외모의 특성에 따라 대우가 달라지는 건 남성도 마찬가지이나 정도가 여성에는 훨씬 못 미칩니다. 신경성 식욕부진증의 90%가 여성에서 발생하고, 남성에게 압박감을 주는 얘기가 적은 건 여성이 현저성 self-evaluative salience*이 더 높기 때문이죠.

뇌과학적으로 외모 혜택은 보상 효과에서 유래합니다. 맛있는 음식을 먹으면 즐거움을 느끼듯 뇌가 본성적으로 미를 선망한다는 뜻인데, 드라마에서 주인공이 클로즈업되면 나도 모르게 집중하게 되듯 태어난 지 얼마 안 되어 사회화되지 않은 아기들도 예쁜 여성을 더 오래 응시한다는 연구 결과가 있습니다.[10] 예쁜 사람을 보면 설레고 잘해 주고 싶은 게 인간의 어쩔 수 없는 본능이라는 얘기이죠. 그러나 미에서 기인한 혜택은 차별과 동전의 앞·뒷면 관계입니다. 겉모습에 따라 반응, 대우가 상이해 외모에 자신 없는 여성은 열등감에 빠지기 쉬운데요. 가령 예쁜 친구가 받는 칭찬, 혜택은 주변 누군가에게 'ㅇㅇ은 예뻐서 좋겠다'라는 생각과 부러움을 불러일으킵니다. 감정은 혜택의 크기에 비례하여 변질됩니다. 단순한 호의, 관심(친

* 외모가 차지하는 중요성.

절한 대우, 약간의 먹거리 등)을 넘어서면 부러움은 질투심이 되어 '나도 ○○처럼 날씬하고 이목구비가 뚜렷했으면……' 하는 생각으로 이어집니다.

유감스럽게도 인간이 미를 향해 느끼는 감정은 부러움, 질투에 그치지 않습니다. 혜택이 특혜 수준에 이르면 감정도 증폭되어 억울함, 낙담, 좌절감이 생깁니다. 억울하다는 느낌은 외모가 오롯이 유전자에 기인하는 점, 낙담과 좌절은 어떤 방법으로도 넘어서기 어려운 불가항력에서 발생합니다. 그리 어렵지 않게 이해가 가는 대목일 텐데, 큰 혜택(연애 관계에서 이점, 길거리 캐스팅 등)은 다른 방면의 노력으로 넘어서기 어려운 게 사실이니까요. 문제는 파생물입니다. 특혜, 차별은 단순히 감정에서 끝나지 않고 '역시 여자는 예뻐야 하는구나', '부모님이 예쁘게 낳아줬다면', '인생은 공평하지 않구나'라는 철학적 관념으로 이어집니다.

종착역은 크게 세 갈래입니다. 수용, 체념 그리고 '얼굴 때문에 인생이 안 풀리니 외모를 바꿔야겠어'라는 성형 결심입니다. 결코 혼자만의 생각이 아닙니다. 성형 통계치에서 보듯 외모 열등감은 보편적인 사회 현상이며, 기저에는 부러움 → 질투 → 원망 → 좌절 → 성형으로 이어지는 메커니즘이 놓여 있습니다.

신체적 특성의 차이에서 기인한 불평등이 못마땅한 누군가가 가장 먼저 기억해 두어야 할 점은 특혜·차별이 인간에게 유발하는 여러 감정(부러움, 질투, 화, 억울함, 낙담, 좌절)이 모두 정상 범주에 속한다는 점입니다. 스스로가 초라하게 느껴지고, 유리한 DNA를 물려주지 않은 부모가 원망스럽고, 예쁜 친구에게 샘이 나는 건 인간이라면 누구나 경험하는 자연스러운 감정입니다. '나는 외모도 별로인데 인성도 덜 된 것 같아' 하고 자책할 필요 없다는 얘기입니다.

한편 젊은 여성들이 외모에 민감한 현상은 왜곡된 사고관(외모=인생에서 가장 중요한 무엇)과도 접점이 있습니다. 매스 미디어에서 반복적으로 전달해 뭇 여성의 머릿속에 깊숙이 자리한 신념인데, 2장에서 살핀 대로 방송에서, 특히 연애 리얼리티 프로그램과 드라마, 영화에서 생성했습니다. 러브 버라이어티에서 예쁜 여성은 첫인상 선택을 받을 확률과 최종 파트너로 간택될 확률이 압도적으로 높습니다. 드라마와 영화 속 주인공은 대부분 외모가 화려한 반면 조연이나 악당은 평범하거나 못생겼고요. 실생활에서도 예쁘고 잘생긴 사람이, 특히 연령이 낮을수록 혜택을 누리는 게 사실인데 문제는 잔상입니다. 청소년기부터 20대 초반에 미디어와 일상에서 반복 학습한 차별 대우는 머릿속에 외모가 전부라는 왜곡된 각인을 남깁니다. 처음 살펴본 낭설은 이를 적나라하게 드러내는 표현이고요. 다행히 상당 부분은 시간이 지나며 희석됩니다. 겉모습에 가려 빛을 보지 못한 다른 특성이 부각되며 '외모=전부'가 사실이 아님을 지득하고 열등감도 잠잠해지나 아픔이 깊은 누군가는 '10대, 20대 초반처럼 외모는 평생 중요할 거야', '예쁘고 날씬하면 성공, 못생기면 실패자'라는 극단적인 가정에서 헤어나지 못합니다.

현실을 부정하지 않되 넓은 안목을 기르기

외모심리학적으로 바람직한 관점은 기울어진 현실을 수용하되 균형 잡힌 사고관을 갖는 것입니다. 현실적으로 외면이 전혀 중요하지 않다고 말할 수는 없습니다. 혹자는 내면의 아름다움이 더 중요하다고 주장하고 그렇게 생각하는 이유도 있겠지만, 다수의 관점을 고려할 때 무리해서 중요도를 저울질하기보다는 두 가지 요소 모두 나름의 역할이 있고 적잖은 비중을 차지한다고 보는 게 더 적절할 것 같습니다. 아직까지는 부정하는 사람이 꽤 많지만 미의 영향을 무시하지 못한다는 게 대다수가 느끼는 현실에 가까우니까요. 뭇 여성들이 몸소 체험한 혜택과 불리함은 분명 사실인데, 동시에 '외모=전부'라는 생각은 단면만을 고려한 파국적인 사고입니다.

외모심리학적으로 '외모=전부'는 차등성과 비교 심리에서 기인한 극단적인 사고방식입니다. 열등감이 깊거나 프로아나 pro-ana*처럼 외모에 올인하는 사람의 핵심 신념으로 건강한 신체 이미지 형성을 위해 반드시 교정이 필요합니다. 겉모습의 현실적인 중요도, 불평등성에서 오는 자괴감을 부인하지 않되 '여자한테는 외모가 전부다', '못생기면 루저이다' 식의 경직된 생각보다는 넓은 안목으로 조망해야 합니다. 단순히 기계론적 관점에서 본다면 미는 무조건적인 플러스 요인이어야 하지만, 외모가 정신에 끼치는 영향력의 총합을 전인적, 종단적 관점에서 헤아린다면 반드시 그런 것은 아니기 때문입니다. 비록 중요성을 부인하기 어려우나 외모는 전부가 아니라 일부이니까요.

만일 이 말을 머리가 아닌 가슴으로 이해한다면 꽤나 긍정적인 신호입니다. 반대로 납득하기 어렵거나 여전히 전부라고 믿는다면 아직 갈 길이 멀다는 방증입니다.

* promotion of anorexia의 축약어로 거식증에 찬동한다는 의미.

변신 판타지, 성급한 일반화:
'외모가 달라지면……'이라는 상상

어릴 때부터 외모에 자신이 없고 공부도 못해 자존감이 낮은 스무 살 여성입니다. 집안 형편도 어려워 편의점 알바를 하는 중인데, 돈을 모으면 서울에 가서 성형을 할 계획입니다. 솔직히 여자는 얼굴이 예쁘면 다 용서가 된다고 하잖아요. 드라마에서도 그렇고, 손님들도 예쁜 알바한테만 친절하고요. 그동안 힘든 일이 많았는데, 성형을 하고 나면 틀림없이 제 인생도 달라질 거예요.

유명 웹툰 〈외모지상주의〉에서 주인공 박형석은 외모가 열등한 고등학생입니다. 뚱뚱하고 못생기고 키가 작아서 빵셔틀, 샌드백 취급을 당하는데요. 어느 날 아침, 잠에서 깨어난 그는 우월한 모습(큰 키, 잘생긴 외모, 근육질 체형)으로 변해 있습니다. 부연 설명을 하자면 기존 몸이 잠들면 우월한 몸이 깨어나고 새로운 몸이 잠들면 열등한 몸이 깨어나는 설정입니다. 영혼은 하나인데 몸이 두 개가 된 상황이지요. 겉모습이 변하자 사람들의 반응은 180도 달라집니다. 여학생에게 짝사랑의 대상이 되고, 못생긴 박형석을 괴롭히던 남학생들도 잘생긴 박형석은 함부로 대하지 못합니다. 하루의 절반을 학교에서 보내는 청소년기에 이보다 더 큰 메리트는 없을 듯한데요.

우월한 외모를 갖추는 것은 누구나 한 번쯤 해봤을 상상인데, 이차 성징으로 외형 변화가 크고 또래 관계가 중요한 사춘기에 특히 빈번합니다. 외모심리학적으로 청소년기는 미디어에서 전송하는 메시지를 내면화하고 우상을 모방하는 시기입니다. 여학생은 마른 몸, 쌍꺼풀, 오똑한 코, 매끈한 피부 등을 갈망하고, 남학생에게는 큰 키와 벌어진 어깨, 근육질 체형이 로망입니다. 유전학적으로 거의 모든 사람은 이상형에 못 미쳐 열등감을 느끼고, 정도가 심하면 성형외과에 방문합니다. 성형 열풍의 기저에는 '예뻐지면 인기가 많아질 거야', '외모가 변하면 인생이 달라질 거야'라는 판타지가 자리하고요.

변신 판타지는 외모에만 국한된 게 아닙니다. 인생 역전(돈, 신분, 회춘)을 소재로 한 작품에 반복적으로 등장하는 클리셰로 도통 사그라들 줄 모르는 로또 열풍과도 접점이 있습니다.

구매자들은 복권에 내재한 비합리적 측면(기대치가 구매액보다 낮고, 1등 당첨률은 벼락 맞기보다 어려움)을 인식함에도 기꺼이 구입을 단행합니다. 단순 호기심이나 재미로 구매하는 사람도 있지만 행위의 본질은 당면한 현실에서 상상 속 현실로 일순간에 격상하고픈 욕망입니다. 근로 소득만으로는 부를 획득하기가 불가능에 가깝다 보니 극소수의 사례를 보고 합리적이지 못한 환상을 품는 것이죠.

메이크오버 쇼는 사람들의 무의식에 깃든 환상을 자극합니다. 2010년대에 방영된 모 프로그램이 대표적인데 콤플렉스가 심한 사람을 도와준다는 본래 취지와 달리 '못생긴 외모=불행', '성형=급격한 외모 변화=인생 역전'이라는 왜곡된 인식을 양산했습니다(기존 모습에 '괴물' 또는 '충격적인 비주얼'이란 꼬리표를 붙이고, 달라진 모습에 '대반전' 자막을 내보내는 식으로). 일부 성형외과에서 수술 전후 사진을 홍보에 활용하는 것도 같은 맥락인데, 외모심리학적으로 두 가지 함정이 있습니다. 첫 번째는 잘된 사례만 선별한다는 점입니다. 수백 건의 수술 중 가장 잘된 1~2건만 홍보하다 보니 기대치가 높아지고 성형 문턱은 낮아집니다. 두 번째는 위험성, 부작용을 축소하는 점인데 수술 후 통증, 불편감, 장기 후유증은 절대로 방송이나 사진에 드러나지 않습니다.

유감스럽게도 웹툰 〈외모지상주의〉는 허구입니다. 이는 외모 변신을 소재로 한 애니메이션 〈기기괴괴 성형수〉, 영화 〈미녀는 괴로워〉도 마찬가지인데 모두가 잘 아는 대로 작품 속 주인공처럼 환골탈태하기란 불가능합니다. 성형을 포함하여 현존하는 어떠한 방법으로도 현실적 여건이 단번에 상향될 수는 없는 법이니까요. 그러니 성형을 고민 중이라면 기대치가 현실적인지 여부를 점검해 보길 권합니다. 만일 '성형=급격한 외모 변화=신분 상승'이라는 공상을 품었다면 눈높이를 낮추는 게 바람직한데, 최우선적으로 성급한 일반화의 오류부터 교정해야 합니다.

성급한 일반화의 오류에서 벗어나기

얼굴에 손을 대면 외모는 분명 변화합니다. 겉모습을 제외한 나머지는 어떻게 될지 모릅니다. '외모만 달라지면……' 판타지에 준하는 드라마틱한 변화를 원한다면 외모가 아닌 모든 부문에서 큰 변화가 있어야 합니다. 모두가 아는 사실이지만 성형한다고 연예인과 동일한 수준의 신체적 특성을 획득하기란 불가능하고 조금 달라진 모습으로 모든 게 보장될 만큼 사람살이는 간단하지 않습니다. 만약 다른 요인을 모두 갖추었다면 외모가 마지막 퍼즐일지도 모르나 그렇지 못한 경우가 절대다

수이니까요.

그럼에도 판타지를 내려놓기란 쉽지 않습니다. 외모에 따라 대우가 달라지는 게 일정 부분 사실이며, 특히 젊은 연령대에 빈번하게 겪으니까요. 10대, 20대의 입장에서는 충분히 미가 인생을 좌우하는 결정 인자이고 성형은 그것을 획득하는 손쉬운 방법이라고 생각할 수 있는데, 만일 의견이 일치하다면 성급한 일반화의 오류에 빠진 것입니다. 기본적으로 외모심리학에서는 성형에 찬성하지도 반대하지도 않는데 여기에는 현실을 정확히 직시한다는 전제가 따릅니다. '외모=전부'를 비롯한 인지적 왜곡이 없어야 하고, 성형에 대한 허황된 기대도 바람직하지 않습니다. 수술에 만족하는 사람도 있겠지만 반대의 경우도 있고, 외모가 수려하나 불행한 사람이 있는 반면 평범하거나 못생겼지만 웰빙 지수가 높은 사람도 많으니까요. 이는 메이크오버 쇼와 실생활에서 목도한 현실이 전체가 아닌 극히 일부에 지나지 않는다는 추론으로 이어집니다. 개인이 인식하는 현실은 전체 인구가 경험한 현실 중 기껏해야 수십, 수백 개에 지나지 않으며 그마저도 하나만이 직접 체험한 것이고 나머지는 미디어에서 선별적으로 추출한 현실입니다. 내가 보고 듣고 경험한 일을 세상의 전부이자 절대적 진실로 간주해 버리는 편파성에서 벗어나라는 조언입니다.

성급한 일반화의 오류를 넘어서는 가장 확실한 방법은 반례를 확인하는 것입니다. 표본 집단과 모집단의 차이를 인식할수록 인지 왜곡에서 벗어나게 되니 주변이나 인터넷에서 '예쁜 외모=성공한 인생', '성형=인생 역전'에 부합하지 않는 사례를 찾아보길 권합니다. 그리 어렵지 않게 반례를 찾을 수 있는데, 너무나도 당연한 얘기이지만 외모 외에도 중요한 것들이 많기 때문이죠. 극소수의 예외를 제외하면 외모만으로 모든 걸 반전한 사례는 단언컨대 제로에 수렴합니다.

현저성:
예쁜데도 외모가 신경 쓰이는 속사정

예쁘다는 소리는 자주 듣는데, 외모 집착이 심한 20대 여성입니다. 언니랑 여동생이 있는데 저보다 예뻐서 어릴 때 비교를 많이 당했고, 고등학교도 예고를 다녀서 날씬하고 예쁜 애들이 많았습니다. 지금은 회사를 다니는데 매일 아침 일찍 일어나 메이크업만 2시간을 하고, 퇴근 후에도 피부 관리와 운동을 하지 않으면 마음이 많이 불안합니다. 어떻게 해야 집착을 줄일 수 있을까요?

충격적이게도 외모 스트레스를 호소한 연예인이 있습니다. 누가 봐도 탄성이 나올 만큼 아름다운 여배우라 게스트들의 반응은 경악 그 자체였는데요. 얼핏 이해가 안 가는 현상입니다. 연예인은 4대 요인에서 외모가 만점이고 어릴 적에 놀림을 받았을 가능성도 전무합니다. 뷰티·패션 광고를 독점하는 미의 표준이기도 하고요. 남은 건 자존감인데 정말 자존감이 낮아 스트레스를 받은 것일까요? 해당 연예인의 자존감은 시청자로서 알 수 없는 정보입니다. 다만 외모 콤플렉스를 호소한 연예인이 한둘이 아닌데 이들 모두가 자존감에 문제가 있을 가능성은 희박해 보입니다.

외모심리학적으로 자존감보다 현저성이 원인일 가능성이 높습니다. 무언가가 차지하는 비중을 일컫는 말인데 모두가 알다시피 연예인은 외모 현저성이 극도로 높은 직종입니다. 대중의 눈에 비치는 이미지의 중요성이 가늠하기 어려울 정도로 크다 보니 스트레스에 취약한데, 전교 1등의 엄살과도 일정 부분 유사합니다. 객관적으로 빼어남에도 당사자의 성에 차지 않는 것으로 입장을 헤아려 보면 전혀 터무니가 없는 것은 아닙니다. 외모가 인지도, 캐스팅, 수입에 끼치는 영향이 절대적이다 보니 보통 사람들은 신경 쓰지 않는 미미한 흠을 곱씹는 것이죠.

외모 현저성은 직업 외에도 성별과 성적 지향, 연령, 환경 등의 영향을 받습니다. 일반적으로 남성보다 여성이 현저성이 높은데 "여자는 예쁘면 모든 게 용서된다", "10분 더 공부하면 아내 얼굴이 바뀐다"와 같은 메시지가 이를 방증합니다. 외모심리학적으로 여성이 신체 이미지 건강의 고위험 성별임은 틀림없는데, 여기에는 성적 지향이 이성애자라는 전제가 필요합니다. 다시 말해 동성애자 여성은 이성애자보다 외모 스트레스가 적은 편이고, 반대로 남성 동성애자는 이성애자보다 신체상이 부정적일 확률이 높습니다. 연령으로는 M세대 일부와 Z세대가 속한 10대, 20대 그리고 30대 초반이 가장 높은 시기입니다.

현저성은 사회 트렌드의 영향도 받는데 외모지상주의라 불리는 현재 시류는 당연히 부정적으로 작용합니다. 가정 환경도 중요한 요인입니다. 또래에 비해 현저성이 높은 사람은 어린 시절에 외모가 중요하다는 사상을 주입 받았을 확률이 높습니다. 당사자들이 체감하기 어려우나 가정마다 외모를 중시하는 정도에는 차이가 큽니다. 관심이 없고 언급이 전무한 집안부터 직간접적인 피드백(형제자매 간 외모 비교 및 차별, 외모가 중요하다는 뉘앙스의 말과 행동)이 일상화한 가정까지 스펙트럼이 넓은 편입니다. 만일 '외모가 중요하지 않다'거나 '외모보다 중요한 게 많이 있다'는 가르침을 받았다면 현저성이 낮을 확률이 높으며, 반대로 부모가 다이어트나 성형에 혈안이 되었다면 위험 징조입니다. DNA뿐 아니라 외모를 바라보는 관점도 유전된다는 뜻이죠.

현저성은 하루 일과표에 고스란히 반영됩니다. 예쁜데도 외모가 고민인 사람은 꾸미는 시간(화장, 옷 선택, 쇼핑)이 남들보다 월등히 많고 일부는 외모에 쓰는 시간이 수면 시간을 초과합니다. 인터넷 검색 기록도 관심사(다이어트, 안티에이징, 보디 프로필, 패션, PT)로 가득할 개연성이 높은데 문제는 밑 빠진 독이라는 점입니다. 2장에서 살펴보았듯 신체상은 다른 사람이 아닌 자신의 눈에 담기는 모습인데, 현저성이 높으면 작은 흠을 확대 해석하게 돼 만족도가 낮아집니다. 연관된 요인들이 일관된 방향으로 맞물릴수록 일과표에서 외모 관리에 쓰는 시간이 늘어나지만, 근본적인 해결책이 못 된다는 결론입니다.

정신의학적으로 외모와 신체상이 비례하지 않는 가장 극단적인 예시는 신체이형장애입니다. 『정신 질환의 진단 및 통계 편람』에서 강박장애로 분류하는 질환으로 미미한 결함(작은 뾰루지, 여드름 등)에 과도하게 집착하는 게 핵심 진단 기준입니다. 객관적인 모습이 정상임에도 시지각 편향biased visual perception으로 자신을 비정상이라 인식하는데, 뇌 회로의 결함으로 특정 부위에 꽂혀서입니다. 거울을 볼 때 전반적인 형상을 지각하지 못하고 콤플렉스 부위에 집착하여 신체상이 훼손되는 것이죠. 신체이형장애의 치료는 일반 강박장애와 마찬가지로 항우울제를 고용량으로 쓰고 인지행동상담을 병행하는

데 까다로운 편입니다.[12] 가장 큰 장애물은 다름 아닌 병식病識*
부재입니다. 남들보다 많은 시간을 외모에 할애함에도 스트레
스가 줄지 않는 이유를 올바르게 인식하지 못하여 정신과가 아
닌 성형외과, 피부과를 찾는 경향성을 보입니다. 자칫 성형 중
독에 빠질 우려가 큰데 외모가 아닌 마음의 문제이다 보니 수
술을 해도 효과를 보지 못해 의학적으로 성형 금기에 해당합
니다.

일과표 밸런스를 조정하기

마음이 건강한 사람은 삶에서 적절한 균형을 유지하는 경향이
있습니다. 일과 놀이, 사랑의 비중이든 외면과 내면의 균형이
든 평형 관계가 깨졌다면 문제를 의심해 봐야 합니다. 특히 연
예인이 아님에도 외모 집착이 심하다면 현저성을 줄이는 게 올
바른 해법인데요. 그러기 위해선 외모 스트레스의 근본 원인과
주변 사람보다 현저성이 높은 이유부터 돌이켜보아야 합니다.
어쩌면 어린 시절 상처받은 기억, 외모가 아니면 인정받지 못
하리라는 두려움, 타인의 시선에 민감한 심리적 취약성, 외모
지상주의 사상의 복합체가 아닐까요?

　만일 현저성이 높은 사람이 스트레스를 줄이고 싶다면 우선

* 자신이 병에 걸려 있다는 자각

변화가 가능한 것과 불가능한 일을 구분해야 합니다. 성별과 성적 지향을 바꿀 수는 없겠지만 변화가 가능한 요인도 있는데 그 부분을 최대한으로 개선해야 합니다. 원인이 아니라 결과부터 바꾸는 것도 고려 가능한데, 이유를 불문하고 일단 외모에 쓰는 시간부터 줄이라는 권고입니다. 이를 위해서는 하루 일과표를 그린 다음 외모가 차지하는 비중을 시각화하여 살피는 파이 차트 기법을 활용하는 게 좋습니다. 일과표 그림을 통해서 외모에 들이던 시간을 구체적으로 측정했다면 다음 단계는 재분배인데, 가령 3시간을 할애하는 사람이라면 1시간을 떼어 다른 활동을 해보는 식입니다. 파이 차트는 현저성이 높은 사람들에게 방향성을 제시하는 일종의 나침반인데 핵심은 실천입니다. 적어도 3개월 이상 실생활에서 적용해야 효과를 보는 기법으로, 당장 큰 변화를 주기 어렵다면 하루 1분이라도 좋으니 조금씩 교정해 가길 권합니다. 변화의 폭은 미세할지언정 점진적으로 불안감이 줄어들 겁니다.

아도니스 콤플렉스, 당위적 사고:
남성의 외모 고민

다른 사람한테 밝힌 적은 없지만, 외모 콤플레스가 심한 20대 중반 남성입니다. 학창 시절 내내 키가 작았고 체구도 마른 편이라 별명이 멸치였습니다. 인터넷에서 남자는 자신감이라고 하면서 웨이트를 권유해 시작한 지 한 달이 조금 넘었고, 프로틴 보충제도 복용 중입니다. 그런데 어제 피트니스 클럽에서 스테로이드 주사를 맞는 분을 보았습니다. 인터넷을 보니 근육을 빨리 키울 수 있다고 해서 귀가 솔깃한데, 한편으로 부작용도 있다고 해서 고민입니다.

외모에 관한 우스갯소리 중 거울을 볼 때 남녀 간 반응 차이가 있습니다. 어떻게든 흠집을 찾아내 자신을 깎아내리는 여성과 달리 남성은 '나 정도면 괜찮지' 하며 대조적인 반응을 보이는

데요. 신체 이미지의 성별 차이는 심리학적으로 검증된 사실입니다. 2020년도에 권위 있는 국제 학술지에 실린 한 메타 분석 연구에 의하면 여성 성별은 신체 이미지 건강의 위험인자로 밝혀졌습니다. 반대로 남성은 그 자체로서 신체상을 보호하는 방패막이였고요. 틀림없이 지금껏 외모 스트레스를 호소한 사람들을 떠올리면 대부분 여성일 겁니다.

만일 남성인데 신체 이미지가 부정적으로 형성되었다면 두 가지를 우선 고려해야 합니다. 첫 번째는 아도니스 콤플렉스Adonis complex인데, 하버드의대 정신과 해리슨 포프Harrison Pope 교수가 창안한 개념으로 남성의 외모 집착증을 뜻합니다. 그리스 신화에 등장하는 미소년 아도니스에서 유래한 용어이고요. 포프 교수가 저서 『아도니스 콤플렉스』를 편찬한 연도는 정확히 2000년입니다. 근육질 체형을 만들어야 한다는 미국 남성의 강박 관념을 지적했는데 아나볼릭 스테로이드 남용과도 접점이 있습니다. 1970년대만 해도 보디빌더, 프로 운동선수에 국한된 현상이었으나 1990년대부터는 일반인도 예외가 아닙니다. 근육질 체형은 키와 더불어 남성이 여성보다 부담을 크게 느끼는 몇 안 되는 부위이다 보니 상당수의 남성이, 특히 10대 후반~30대가 헬스장에서 역기를 들어올립니다. 아도니스 콤플렉스와 일반적인 웨이트 트레이닝은 정도의 차이인데, 위해

성을 인식하고도 호르몬제를 남용하거나 통증에 시달려도 웨이트를 멈추지 못하는 운동 중독으로 발현됩니다.

또 한 가지 고려할 점은 성 역할에 대한 당위적 사고should thinking입니다. 그간 남성의 신체 이미지 문제가 사각지대였던 것과 관련이 깊은 대목인데, 한자어 당위當爲는 마땅할 당에 할 위를 합한 말로 '반드시 ~해야 한다'는 뜻입니다. 영어의 should에 대응하며 부족한 융통성, 고리타분함을 내포하는 용어이지요. 실제로 당위적 사고는 고지식한 사람한테 자주 관찰되는데 "여자는 얌전하고 정숙해야 해", "수험생은 하루에 5시간 넘게 자면 안 돼", "남자가 사회생활 하려면 군대는 현역으로 다녀와야 해", "어른이 주는 술은 거부하면 안 돼"가 대표적인 예시입니다. 사회 규범을 가르치는 교육적 의의도 있으나 폐해도 만만찮은데 기대에 부응해야 한다는 압박감을 주고 성과를 내지 못하면 낙오자라는 꼬리표가 붙게 됩니다. 가장 큰 부작용은 사고 내용이 이치에 맞지 않는 경우인데, 설령 신념이 비합리적이어도 '반드시 ~해야 한다'는 경직된 사고 패턴이 작동하여 문제를 야기하게 되죠.

외모심리학적으로 남성의 외모 고민은 수치심이 뒤따른다는 상이점이 있습니다. 여성과 달리 '남자인데 외모로 스트레스를 받다니 부끄럽고 한심해'라고 느끼기 쉬운데 뿌리는 어릴

적 학교, 가정에서 들은 성 역할 교육입니다. "남자는 태어나서 세 번만 울어야 해, 연약한 모습을 보이면 안 돼" 식의 훈육이 뇌리에 박히며 감정 표현을 가로막았고, 그로 인해 남성의 신체 이미지 문제는 그간 금기어에 가까웠습니다. 고충을 호소하면 "남자애가 무슨 외모 고민이냐", "남자는 외모보다 능력이야" 식의 핀잔을 듣곤 했는데 사회 정서상 미보다 다른 자질(강인함, 리더십, 재력)을 중시한 탓이죠. 단순히 생각하면 부담을 덜어주는 효과가 있으나 요즘에는 남성에게도 현저성이 높아지며 되레 부메랑이 되었습니다. 사람들의 머릿속에 '외모=여성의 고민거리', '남성의 외모 스트레스=매우 드문 현상=나약한 사람'이라는 고정관념이 굳건하니까요. 실제로 거식증이 여성에게서 10배 흔하다는 조사에서도 남성들이 수치심으로 진료율이 낮다는 언급이 있고 이 점은 폭식증에서도 마찬가지입니다. 두 가지 모두 성 역할에 대한 당위적 사고가 초래한 폐단인데요.

하지만 사회의 트렌드에는 고정불변의 법칙이 성립하지 않습니다. 성평등 지수가 올라가면서 모든 분야에서 남녀 차가 줄어드는 추세인데, 신체 이미지 문제도 예외일 수 없습니다. 최근 진행된 연구들은 하나같이 젠더 격차가 감소 추세라는 결론을 도출했는데 20~30년 전부터 남성의 몸도 성적 대상화가 시작되어서입니다.[13] 1990년 무렵부터 울퉁불퉁한 몸매 사진이 자주 보이더니 2000년대 초반에는 '꽃미남', '미소년' 등의 어휘가 생겼습니다. 눈에 띄게 증가한 남성의 성형률도 격차 감소를 증빙하는데 1980년대만 해도 예측하지 못한 현상입니다. '외모 스트레스=여성의 전유물' 등식이 더 이상 성립하지 않는다는 결론이죠.

'외모 스트레스=여성의 전유물'이라는 고정관념 내려놓기

언제부턴가 꼰대라는 말이 자주 들립니다. MZ 세대에게 불합리한 지시를 내리는 연장자를 일컫는데 심리학적으로는 생각의 결이 부드럽지 못한 사람입니다. "윗사람이 내리는 명령은 이유 여하를 막론하고 절대 복종해야 해", "부하 직원은 상사보다 일찍 퇴근하면 안 돼" 등 입체적이지 못한 사고로 불협화음을 일으킵니다. 마찬가지로 경직된 생각('외모=전부', '외모 스트레스=여성의 전유물')이 많을수록 신체 이미지 회복이 어려워집니다. 뻣뻣한 신념은 신체상의 뿌리인 사회·문화적 메시지에서 웃자란 부분이기 때문이죠.

합리적 정서행동치료를 창시한 심리학자 앨버트 엘리스 Albert Ellis 또한 비합리적인 생각을 정서 문제의 주범으로 꼽은 바 있습니다. 생각하는 방식에 따라 스트레스의 크기가 달라진다는 얘기인데, 긍정적인 신체상을 형성하려면 당위적 사고를 가지치기하는 작업이 필요합니다. 이를 위해서는 머릿속에 should 표현이 떠오를 때마다 물음표를 붙여 점검하는 습관을 들여야 하는데, 가령 "남자가 외모 때문에 힘들어하다니 난 정말 한심한 놈이야"라는 생각에는 "남자는 외모로 힘들어하면 안 돼"라는 당위 진술이 있습니다. 하지만 '외모 스트레스=여성의 전유물'은 사실과 무관하니 잘라내야 합니다. 같은 방식으로 당위적 사고가 보일 때마다 객관적으로 검토해 보길 권합니다. 딱딱한 생각들을 합리적 신념으로 대체할수록 스트레스가 줄어듭니다.

신언서판:
외모가 면접과 그 이후에 끼치는 영향력

어느덧 2차 면접이 사흘 앞으로 다가온 취업 준비생입니다. 꼭 가고 싶은 회사여서 일주일 전부터 예상 질문을 철저하게 준비했고, 당일에 입을 옷도 다려두었습니다. 대학 동창 한 명도 같이 면접을 볼 예정인데 그 친구는 토익, 학점을 비롯한 스펙은 저보다 별로지만 외모는 많이 예쁜 편입니다. 그런데 어제 저녁에 카톡을 하던 중 "나는 면접에서는 한 번도 떨어진 적이 없다, 외모에 자신 있어서 하나도 걱정 안 한다"라는 식으로 얘기하던데 정말 그런가요? 만약 외모가 면접에 영향을 주는 게 사실이라면 많이 억울할 것 같습니다.

청년 취업난은 젊은 세대의 머릿속에 자리한 큼지막한 고민입니다. 외모 못지않은, 어쩌면 더 시급한 문제일지도 모르겠는데요. 뜻밖에도 직업은 신체 이미지와도 유관합니다. 직종에 따라 외모의 중요도에 차이가 크고 후광 효과는 직장 내 대인 관계에서도 예외가 아니니까요. 취업 준비생들이 들으면 뜨끔한 얘기이겠지만 채용에도 어느 정도 영향을 끼치는 게 불편한 진실입니다. 물론 이 부분은 부당하다고 주장하는 사람이 많지만 신언서판身言書判은 면접에서 외모를 보는 게 오래된 관행임을 시사합니다. 당나라 태종 때 인재를 등용한 네 가지 기준으로 용모, 언변, 글씨, 판단력을 말합니다. 그중에서 용모의 경우 풍채가 늠름해야 한다고 명시되었는데 내면과 외면을 고루 평가하여 관리를 선출하려는 취지였습니다.

오늘날에도 크게 다르지 않습니다. 대부분의 구직자는 면접날 여느 때보다도 메이크업에 신경 쓰고 옷차림을 단정히 합니다. 초두 효과로 널리 알려진 첫인상의 중요성 때문인데 외모 심리학적으로 현명하고 올바른 처사입니다. 냉정히 말해, 면접관은 인공지능처럼 객관적인 존재가 아닙니다. 우리 모두가 그간의 경험을 통해 아는 대로 사람은 생김새로 다른 사람을 차별하는 습성이 있고요. 본성에서 비롯된 외모 차별은 일상 어디서나 알게 모르게 일어나는데, 의료인들조차 비만 환자에게 부정적인 선입견을 가지고, 심지어 법정에서도 외모에 따라 형량 차이가 난다는 보고가 있습니다.[14] 비록 공식적으로는 반영하지 않는다 해도 블라인드가 아닌 이상 면접관이 중립적이라는 보장은 어디에도 없는 것이죠.

설령 외모가 중요하지 않은 직무여도 무의식적으로 '매력적인 외모=유능한 사람'이라는 프레임에 사로잡힐 우려가 크며, 실제로 인사 담당자를 상대로 진행한 다수의 설문에서 면접관들은 외모가 영향을 준다고 시인했습니다. 사실 면접관의 입장에서도 외모 후광은 어쩔 수 없는 현상입니다. 면접에서 획득 가능한 정보가 지극히 제한적이니까요. 직무 수행 및 적응과 유관한 정보(대인 관계 패턴, 성격, 기타 결격 사유)를 간파하기에 10분 남짓한 시간은 턱없이 부족한데 외모는 학점, 토익과 더불어 확실하게 파악 가능한 몇 안 되는 정보입니다. 일부 기업에서는 사전에 평판 조사를 실시하는데 면접의 한계를 방증하는 대목이죠.

유감스럽게도 외모의 영향력은 취업 후에도 계속됩니다. 독립적으로 수행하는 업무가 아닌 이상 잘생기고 예쁜 사람은 같은 실수를 해도 핀잔을 덜 듣고 동일한 부탁을 해도 반응이 우호적일 확률이 큽니다. 문화권에 따른 차이를 고려해야 하나 인사 고과, 승진에 영향을 끼친다는 보고도 있었고요.[15] 외모에 자신 없는 사람이 들으면 크게 낙심할지도 모르겠습니다. '어릴 적부터 겪은 외모 차별이 직장인이 되어서도 별반 다를 게 없구나' 하고 말이죠.

외모심리학적으로 면접 시 외모 후광은 불합리해도 받아들여야 합니다. 지원자가 어떻게 할 수 없는 일이니 가능한 범주 내에서 겉모습을 가꾸는 게 현실적입니다. 외모 외의 매력(적극적인 모습, 유머 감각, 유려한 말솜씨 등)을 보여준다면 최상의 시나리오고요. 동시에 외모의 영향력을 객관적이고 분명하게 인식할 필요가 있습니다. 직장인의 외모는 통상적으로 쓰는 외모와는 다소 다른 개념입니다. 연예인에게 기대하는 비현실적인 미가 아닌 우호적인 모습(단정한 옷차림, 체취 등 기본 위생, 프로페셔널 이미지)에 가까운데, 극소수의 직장을 제외하면 외모는 곧 인상을 의미한다는 얘기입니다. 신언서판에서 말하는 용모 또한 단순히 잘생긴 모습이 아닌 단정한 옷차림, 차분하고 정중한 태도와 자세 등 외면에서 풍기는 전반적인 분위기를 지칭합니다. 무엇보다 용모 외에 언변, 글씨, 판단력 등 업무 역량도 평가했다는 점을 잊지 말아야 하고요.

외모가 직장 생활에 끼치는 영향도 복합적입니다. 이 점은 직장에서 외모가 담당하는 역할을 고려하면 이해가 빠른데, 동료 간에도 후광 효과가 나타나지만 연인 관계와는 성격이 다릅니다. 파트너 관계는 외모의 역할이 가장 큰 대인 관계 유형인 반면 직장 동료는 그렇지 않으니까요. 연인 관계에 비해 혜택이나 차별이 훨씬 미미한데 상식적으로 오랫동안 같이 일할 동료라면 당연히 겉모습보다 역량(인성, 업무 능력, 협동심 등)이 우선이기 때문이죠.

매력 지수를 끌어올리는 세 가지 노하우

면접을 앞둔 지원자에게 세 가지 팁을 드리려 합니다. 첫 번째는 나에게 잘 어울리는 옷 입기, 두 번째는 악취 방지입니다. 스웨덴 웁살라대학교에서 진행한 연구에서 어울리는 옷차림은 당사자의 매력 지수를 끌어올리는 요인으로 밝혀졌습니다.[16] 좋아하는 옷을 입고 외출할 때 발걸음이 가볍고 왠지 모르게 당당해지는 느낌을 받은 적이 있을 텐데, 뇌과학적으로 어울리는 옷차림은 당사자에게 자신감을 심어주는 효과가 있습니다. 이는 미세하게나마 표정에 반영되어 종국에는 매력 지수를 향상시키고요. 옷차림과 더불어 냄새도 신경 써야 합니다. 악취가 호감도를 떨어뜨리는 변수로 작용해서인데, 평소에도 마찬가지겠지만 외모의 중요성이 높은 상황에서는 한 번 더 체취를 점검하기 바랍니다.

마지막으로 후광 효과를 정확히 이해해야 합니다. 누군가에게 매력을 느낄 때 흔히 '첫눈에 반했다'라는 표현을 씁니다. 외모 후광을 가장 전형적으로 보여주는 말인데 엄밀히 말해 후광 효과는 겉모습에 한정된 현상이 아닙니다. 목소리 톤, 리더십, 언변과 유머 감각, 업무 역량, 학벌 등 사람의 모든 면이 후광 대상입니다. 가산점이 미에 국한되지 않고 사람의 모든 면에 부여된다는 얘기이니 지나치게 위축되지 않았으면 합니다.

다이어트, 프로아나, 신스피레이션:
현대인의 평생 숙제

본격적으로 다이어트를 시작한 건 대학교 1학년 여름 방학입니다. 아는 언니가 먹토를 한다는 걸 우연히 알게 되었는데, 예쁘고 날씬한 친구가 제가 좋아하던 선배와 사귀기 시작한 시점이기도 합니다. 최고의 성형은 다이어트라고 하잖아요. 그때부터 하루 1,200칼로리 미만으로 섭취하고 과식한 날에는 먹토를 해서 2학년 때는 초등학생 때 체중인 42kg까지 빠지기도 했습니다. 최근에는 남자 친구와 헤어진 후로 다시 폭식이 시작되며 체중이 원래대로 돌아왔는데(168cm, 65kg), 혼자서 정신없이 먹고 나면 자기혐오감과 죄책감이 듭니다.

다이어트가 준의무로 느껴지는 세상입니다. 상당수의 사람들이 살 찌면 안 된다는 압박감을 받고, 특히 여성의 부담이 큰데요. 오로지 외모 때문은 아닙니다. 분명 건강상의 이유도 있는데 널리 알려진 대로 비만은 당뇨, 고혈압으로 이어지는 징검다리입니다. 근래에는 본지가 흐려졌으나 이 점이 의학계에서 체중 증가에 주목한 취지이자 중·장년 세대에서 새해 첫날마다 다이어트를 결심하는 사유입니다.

그러나 요즈음 젊은 세대의 체중 스트레스는 외모가 훨씬 크게 작용하는 게 사실입니다. 이는 날씬함을 미와 동일시하는 관점과 관련이 깊은데, 계보는 20세기 중반으로 거슬려 올라갑니다. 1960년대부터 유럽과 북미에서 마른 몸을 미의 요건으로 간주하기 시작했고 당시에는 전통 미디어(TV, 신문, 잡지)를 통해, 1990년 중순부터는 인터넷을 축으로 확산되었습니다. 2010년대에는 SNS가 바통을 이어받았고요. 외모심리학에서 신스피레이션thinspiration*이라 부르는 기조이자 오늘날 프로아나 계명에 등장하는 '체중=전부' 사고의 기원인데요.

프로아나는 신스피레이션의 맹목적 추종자입니다. 체중 증가에 대한 두려움이 염려, 걱정이 아닌 공포 수준이어서 수단과 방법을 가리지 않고 감량을 단행합니다. 섭식장애 신조어

* 마름을 뜻하는 thin과 열망을 의미하는 aspiration의 합성어로 날씬한 몸을 미화하는 현상.

중 개말라*, 뼈말라**를 떠올리면 이해가 빠를 것 같습니다. 키가 165cm이면 체중이 각각 45, 40kg이어야 하는데 이 정도면 군살이 전혀 없다고 느낄 정도로 비쩍 마른 체구입니다. BMI로 환산하면 각각 16.5, 14.7로 정상 하한선인 18.5에 훨씬 못 미치는 수준이죠. 의학적으로 18.5 미만의 BMI는 일반적인 다이어트법(식단 조절, 운동)으로 달성하기 어려운데 요요 현상이라 알려진 항상성 기전으로 일정 범주를 오가기 때문입니다. 기어이 정상 하한선 아래로 내려온 프로아나의 동력은 '체중=전부' 사고관입니다. 말 그대로 체중을 감량하는 데 모든 걸 바치다 보니 극기 훈련 식의 다이어트(하루 1,000칼로리 미만 섭취, 원 푸드 다이어트)나 보상 행동(먹토, 무리한 운동, 약물 남용)이 가능한 것이죠.

프로아나 계명의 핵심 메시지인 '체중=전부'는 섭식장애가 퍼지는 메인 루트인 SNS에서 어렵지 않게 확인 가능한데, 전파 과정을 요약하면 다음과 같습니다. 첫째로 외모가 고민인 누군가가 검색어로 '다이어트, 몸매, 개말라'를 입력하면 키워드, 해시 태그를 통해 프로아나 SNS로 유입됩니다. 단순히 정보(효과를 본 다이어트법, 식욕 억제제 처방)를 얻는 걸 넘어

---

* 매우 마른 사람, 키(센티미터)에서 체중(킬로그램)을 뺀 수치가 120.

** 뼈가 보일 정도로 마른 사람, 키에서 체중을 뺀 수치가 125.

비슷한 고민을 하는 또래를 만납니다. 걱정거리, 성별, 연령대가 비슷하고 은어(먹토, 씹뱉, 조이자)와 감정을 공유하며 동화되다가 종국에는 일원이 됩니다. 사이트마다 조금씩 차이가 있으나 다음과 같은 잘못된 메시지를 보내 외모를 바라보는 내부 관점을 물들입니다.

1. 날씬하지 않으면 매력적이지 않다.

2. 건강보다 날씬한 게 우선이다.

3. 먹을 때는 죄책감을 느껴야 하고 항상 칼로리를 계산해야 한다.

4. 마른 몸은 권력과 성공의 시작이다.

5. 살찌우는 음식은 나쁜 음식이고 체중 증가는 잘못되었다.

6. 체중 감량은 무조건적으로 좋은 일이다. 단식은 의지가 강하다는 신호이다.

프로아나는 다소 역설적인 결과이기도 합니다. 단순하게 생각하면 여성의 로망인 마른 체구에 해당함에도 '징그럽다', '혐오스럽다', '한심하다'는 댓글이 달리니까요. 어찌 보면 누구보다도 치열하게 노력해 목표를 초과 달성한 대가가 따가운 눈총과 업신여김인데 당사자의 입장에서는 억울할지도 모르겠습니다. 유감스럽게도 날씬한 쪽이든 뚱뚱한 쪽이든 체중이 일정 범주를 벗어나면 미에서 멀어집니다. 지금은 아니지만 신스피레이션의 본래 뉘앙스 또한 무작정 마른 몸이 아닌 정상 범위 내에서 마른 몸이었고요. 몇몇 사람은 프로아나를 비난하는데 외모심리학적으로 적절하지 않습니다. 그들 또한 외모가 고민인 일반인으로 겉모습과 섭식 패턴을 책망하기보다 당사자의 목소리에 귀를 기울이는 게 필요합니다. 음식을 기피하게 된 계기, 마른 몸이 갖는 의미, 어린 시절 경험 등 내면세계에 침잠한 아픔을 존중해야 합니다.

표지판(체중=전부)에 내재한 오류를 알아차리기

정신의학적으로 프로아나인 사람들은 완벽주의, 강박 성향이 많습니다. 또래 친구들은 식욕이라는 본성을 이기지 못하고 작심삼일로 끝나는데, 성격적 특성상 머릿속이 몸무게로 가득하다 보니 관련한 주제(다이어트법, 요리법, 식사량, 다른 사람의 체중 등)에 예민하고 체중 관리에 쓰는 시간이 월등히 많습니다. 정도가 심하면 신체상 왜곡body image distortion에 이르는데, 비정상적으로 마른 체구임에도 뚱뚱하다고 지각하는 등 객관과 주관에 현격한 괴리를 보이는 상태를 말합니다.

통상적인 신체 이미지 문제와 달리 거식증은 생사의 경계를 넘나드는 문제이기도 합니다. 체중이 일정 수준 밑으로 떨어지면 무월경, 전해질 이상, 부정맥 등 몸에도 이상이 생기는데, 정신 질환 중 사망률이 가장 높다는 보고가 있을 정도로 치명적입니다. 체중이 스트레스인 점은 여타의 사람과 동일하나 잘못된 표지판(체중=전부)을 따르는 데서 오는 폐해가 상당히 심각한 셈인데요.

표지판의 오류는 체중과 외모, 신체상의 생리학적 연관성을 이해하지 못하는 데서 비롯됩니다. 체중은 외모를 구성하는 일부이며 외모는 몸의 한 가지 측면(표면)입니다. 식물로 비유하면 몸이 뿌리와 줄기, 외모가 미관(열매, 꽃)에 해당하지요. '체중=전부' 등식과 달리 개말라, 뼈말라가 되면 외모에도 필히 부정적인 영향이 나타나는데 이 점은 뿌리가 병든 식물의 미관(말라 비틀어진 모습)을 떠올리면 이해하기 쉬울 것 같습니다. '마르면 마를수록 좋다'는 계명과 달리 적정선을 넘어선 다이어트는 외모와 신체 이미지를 훼손한다는 결론이지요.

체중 스트레스를 줄이려면 역설적이게도 몸과 친해져야 합니다. 사회 트렌드에 맞춰 체중 관리에 돌입하더라도 객관적 지표BMI와 외모와 몸 간의 우선순위를 잊지 말라는 얘기입니다. 이는 보디 시그널에 입각한 섭식을 뜻하는데, 배가 고프면 다이어트보다 몸을 위해 음식을 먹어야 하고 반대로 배가 부르거나 속이 더부룩하면 숟가락을 내려놓아야 합니다. 스트레스

해소 목적의 섭식도 바람직하지 않은데, 신체상에 유익한 식사
는 강박 관념이나 감정이 아닌 보디 시그널에 기초한 섭식으로
이는 삼자 관계의 생리학적 유기성에서 기인합니다.

후광 효과, 단순노출 효과:
첫 만남이 걱정이라면

이틀 뒤 소개팅을 앞둔 30대 여성입니다. 성격도 털털하고 직장도 좋은 편인데 외모에는 별로 자신이 없습니다. 사진을 교환하긴 했지만 실제 모습이랑 차이가 있어 걱정이 되는데요. 연애는 남들만큼 해봤지만 소개팅에서는 애프터를 받은 적이 한 번도 없어 이번에도 결과가 안 좋을까 봐 걱정입니다.

주로 MZ 세대가 할 법한 고민입니다. 소개팅이나 미팅처럼 사람을 처음 대면하는 자리는 외모 후광이 가장 강렬한 시점입니다. 이 점은 면접과 유사한데 둘의 결정적 차이는 역시 만남의 목적이지요. 알다시피 소개팅은 파트너 관계입니다. 미의 역할이 가장 큰 대인 관계 유형이라 외모에 자신 없다면 위축되게 마련인데요. 심리학적으로 소개팅을 앞둔 누군가가 느끼는 위축감은 후광 효과, 초두 효과와 관련이 깊습니다. 외면이 첫인 상에서 차지하는 비중이 크다 보니 자신감이 떨어지는 것으로, 외모가 고민이라면 틀림없이 관련된 경험이 있으리라 추정합 니다.

한 가지 다행스러운 점은 인상이 계속해서 변한다는 사실인 데요. 비록 첫인상이 중요하지만 종종 끝인상과 일치하지 않는 건 매력 지수를 좌우하는 또 하나의 심리 법칙이 있어서입니 다. 친밀성의 원리 혹은 단순노출 효과mere exposure effect라 불리 는데 만남 횟수가 늘수록 호감도가 상승하는 현상입니다. "자 주 보면 정 든다"는 옛말과 흡사한데 뜻밖에도 프랑스 에펠탑 과도 접점이 있습니다. 에펠탑은 전 세계 모든 사람의 머릿속 에 자리한 파리의 랜드마크입니다. 설령 파리에 가보지 않았어 도 모습이 선연하게 떠오를 텐데 세계적으로 유명한 건축물이 다 보니 TV나 인터넷에서 여러 번 접했을 겁니다. 낭만과 동경 의 대상이자 죽기 전에 반드시 가봐야 할 문화유산으로도 유명 하고요.

그런데 처음에는 환영받지 못했습니다. 완공된 1889년만 해 도 "철 구조물이 주변 건축물과 어울리지 않는다, 흉물스럽다" 는 비판이 많았습니다. 도시 미관을 훼손한다는 예술가들의 비 난도 거세어 해체 위기를 여러 번 겪어야 했고요. 지금의 위상은 그야말로 격세지감인데요.

에펠탑을 바라보는 사람들의 인식 변화는 외모심리학적으로 시사점이 많습니다. 건축물과 인간을 동일 선상에 두기에는 무리가 있으나 비호감 인상을 만회할 실마리를 제시하는데요. 설립 초기 에펠탑이 공공의 적이 된 이유는 부정적인 외형입니다. 당시만 해도 이질적인 철골 구조물이어서 주변 경관과 부조화를 이뤘는데, 단순노출 효과를 통해 조금씩 만회했습니다. 330미터로 파리에서 가장 높은 건물이다 보니 사람들 눈에 자주 띄었고 점진적으로 거부감이 줄어든 것이죠. 부정적인 인상을 극복한 두 번째 원동력은 외부의 긍정적인 평입니다. 여러 다큐멘터리, 영화에 배경으로 등장하면서 우아하고 낭만적이라는 이미지가 생겼습니다. 외면에는 변화가 없으나 우호적인 정보들이 더해지며 종합적인 느낌이 달라진 셈이죠.

에펠탑 일화에서 알 수 있듯 뇌는 외모를 보지만 외모만 보지 않습니다. 유독 첫 만남에서 외모의 영향이 큰 것은 겉모습 외의 정보를 파악하기 어려워서입니다. 외모와 기본 인적사항 외의 데이터가 전무하다 보니 뇌는 근거 없는 가정을 합니다. "이 사람은 예쁘니까 성격도 좋고 똑똑하고 성실하고 착할 거야", "얘는 외모가 별로이니 무능하고 게으르고 심술궂을 거야". 다행히도 뇌는 일차원적 기관이 아닙니다. 시간이 흘러 다른 정보(인성, 지능, 가치관 등)가 유출되면서 해석이 달라집니다. 에펠탑 사례에서 보듯 외견의 변화 없이도 데이터가 누적되며 대상을 바라보는 느낌이 변하는 것이죠. 꾸준히 긍정적인 모습을 보여주면 첫인상을 만회할 수 있다는 얘기입니다.

외모 후광은 분명 강렬합니다. 표면적으로는 "나는 외모를 안 봐, 외모는 중요하지 않아" 하고 부정하는 사람이 많지만 실제 속마음은 다릅니다. 우리 모두는 부지불식간에 외모로 상대의 모든 면을 예단하는데, 적어도 첫 만남에서는 '외모=전부'라고 뇌가 착각해서입니다. 하지만 후광으로 인한 사회적 지각의 오류는 영원하지 않습니다. 남들보다 늦은 출발이 반드시 패배, 실패로 귀결하는 게 아니듯 첫인상은 상시로 변화합니다. 그러니 섣불리 포기하는 대신 장기적인 안목으로 바라보았으면 좋겠습니다. 언젠가 후광이 걷히고 진가가 드러나는 순간을 맞이할 테니까요.

'~할 수 없었던 건 외모 때문이야'라는 생각 내려놓기

첫인상이 자신 없는 MZ에게 소개팅, 미팅, 과팅은 불리한 자리인 게 사실입니다. 잘생기고 예쁜 친구에 비해 원하는 결과를 얻지 못할 확률이 높은데요. 하지만 실패 사유가 무엇인지는 재고해 볼 필요가 있습니다. 단순히 외모 탓으로 여기기 쉬운데 그보다는 외모가 크게 보이는 시점이어서 결과가 안 좋았다고 보는 게 타당합니다. 만약 소개팅, 미팅이 아닌 다른 자리(동호회, 스터디 등)에서 만나 꾸준히 대면했다면 결과가 달라졌을지도 모르는 일이니까요.

결국 후광 효과, 단순노출 효과의 본질은 외모가 아니라 시간입니다. 신체상이 부정적일수록 '~할 수 없었던 건 외모 때문이야' 하고 자포자기하기 쉬운데, 보다 입체적인 사고방식을 갖는 게 바람직합니다. 자칫 외모만 본다고 오해하기 쉬우나 뇌는 모든 정보를 골고루 받아들이며 생김새가 동일해도 다른 면에 따라 해석이 달라지니까요.

사회적 외모 불안:
외모 때문에 마스크를 벗지 못하는 심정

여전히 마스크를 쓰고 다니는 사람입니다. 코로나19 이전부터 못생겼다는 얘기를 많이 들어 외모에 자신이 없었고, MBTI도 I형이라 사람 많은 곳을 불편해하는 성격입니다. 마스크를 쓰면 외모 평가를 피할 수 있어 비대면 강의 때도 착용했고, 가능하다면 계속 그러고 싶습니다.

코로나19 시대의 상징으로 대부분 마스크를 떠올립니다. 창궐 초기 구매 대란부터 착용 의무 해제(2022년 5월 실외 마스크 철폐, 2023년 1월 실내, 2023년 3월 대중교통, 2023년 5월 엔데믹 선언)까지 돌이켜보면 우여곡절이 참 많았는데요. 흥미로운 건 포스트 코로나 시대가 된 지 오래지만, 아직도 마스크를 쓰는 사람이 있다는 점입니다. 추정 원인은 네 가지입니다. 우선 뉴 노멀 상황에 적응한 데다 변이 바이러스 등 재감염에 대한 두려움이 작용했습니다. 2024년 상반기를 기준으로 병원, 입소형 감염 취약 시설 등 일부 장소에서 여전히 착용이 권고되는 만큼 완전히 마음을 놓기 이른 게 사실이고요. 분명 의학적인 사유도 있으나 전문가들이 추정하는 또 하나의 원인은 바로 외모입니다. 마스크는 방역 물품을 넘어 외모 콤플렉스의 실드shield이기도 합니다. 마기꾼*이라는 신조어에서 유추 가능하듯 인상을 크게 좌우하는 하관부터 눈 밑까지 가리는 데다 피부 트러블도 숨길 수 있으니까요.

　외모심리학적으로 방역이 아닌 외모 때문에 마스크를 벗지 못하는 심리를 사회적 외모 불안social appearance anxiety이라 합니다. 외모 평가에 민감하여 대면 상황을 힘들어하는 현상인데 다양한 양상으로 발현됩니다. 편의점에 갈 때도 풀메이크업하고, 몸매가 드러나는 헬스클럽이나 수영장 방문을 두려워하고, 눈에 띄지 않는 무채색 옷을 선호하며, 낮이 아닌 저녁 시간에 외출합니다. 웹툰 〈마스크걸〉의 김모미나 탈모가 심한 사람이 자신 없는 부위를 보조구(마스크, 가발)로 가리는 것도 당연히 포함되고, 높은 확률로 휴대폰에 셀카 사진이 한 장도 없을 것

---

　* 마스크와 사기꾼의 합성어로 마스크 착용 시와 미착용 시 외모 차이가 큰 사람.

입니다. 이 모든 게 마스크를 벗지 못하는 심리의 연장선상인데 종착역은 은둔입니다. 간혹 성형에 실패한 사람이 두문불출한다는 뉴스가 보도되곤 하는데 외모 불안이 극심하다는 방증입니다.

사회적 외모 불안은 분명 외모의 영향을 받지만 그것만으로 결정되지 않습니다. 오히려 심리 요인(애착 유형, 자존감, 신체상)이 더 크게 작용하는데 이 점은 신체이형장애를 떠올리면 어렵지 않게 이해 가능합니다. 객관적인 모습이 정상임에도 당사자는 극심한 외모 불안으로 고충을 겪는데 신체 이미지가 손상되어서입니다. 자각하는 겉모습이 비정상적이다 보니 '다른 사람들이 이상하게 보거나 놀리면 어쩌지? 다들 내가 흉측하다고 생각하는 것 같아. 눈빛이 수상하니 틀림없어'와 같은 비합리적 신념에 사로잡힙니다.

실제로 외모 불안 지수가 높은 사람의 머릿속을 들여다보면 인지 오류가 가득합니다. 신체상이 건강한 사람에 비해 중립적인 상황을 곡해하는 경향이 큰데 독심술mind reading이 대표적입니다. 타인의 생각을 합리적 근거 없이 예단하는 행위로, 부정적으로 치우친 게 문제입니다. 한 가지 예시를 들면 드라마 〈내 아이디는 강남미인〉에서 강미래가 학창 시절 도경석이 보인 미소의 의중을 오해한 장면이 있습니다. 당시 외모로 극심한 놀림을 받던 강미래는 또래 남학생들처럼 도경석이 자신을 비웃는다고 생각했는데 아니었습니다. 단순히 춤을 추던 강미래의 모습이 귀여워서 지은 미소였는데 잘못 짚었던 거죠. 일종의 방어기제입니다. 과거에 심한 놀림을 받은 기억이 있다 보니 마음을 보호하기 위해 중립적인 상황을 민감하게 받아들이는 것인데 문제는 기회비용입니다. 상처받은 마음을 지키려는 심정은 충분히 이해가 가나 불필요한 오해로 인해 일상이 피폐해집니다. 외출할 때마다 '저 사람이 방금 내 얼굴을 보고 못생겼다고 비웃은 것 같아, 중고등학생 때 그랬으니 틀림없어'라는 생각을 하면 그 누구라도 심신의 에너지가 바닥납니다. 일정 수준을 넘어서면 외출을 꺼리게 되고요.

사회적 외모 불안을 줄이려면 왜곡된 인지를 다스릴 줄 알아야 합니다. 인지 왜곡은 기본적으로 자신의 생각과 감이 남다르다고 믿는 데서 출발합니다. 과거 틀렸던 경험이 있음에도 다음번에 드는 생각은 어김없이 맞다고 간주하는 것이죠. 이를 통제하기 위해서는 머릿속에 떠오르는 생각을 점검하는 습관을 들여야 합니다. 생각을 무작정 사실로 받아들이는 대신 객관적인 증거를 바탕으로 진위 여부를 검토하는 것입니다.

머릿속에 떠오르는 생각을 객관적으로 점검해 보기

스토아학파 철학자 에픽테토스Epictetus는 "무슨 일이 일어났는지보다 그 일에 대한 반응이 더 중요하다"라는 말을 남겼습니다. 여기서 반응은 생각하는 습관을 지칭하는데 개인마다 차이가 상당합니다. 신체상이 건강한 사람은 외모와 관련한 상황을 긍정적으로 해석하는 반면 사회적 외모 불안이 심한 사람은 정반대입니다. 도경석의 미소를 놀림으로 오해한 강미래처럼 중립적인 사건에 비합리적으로 반응하다 보니 불필요한 스트레스를 느낍니다. 투사projection 기제가 작동해 자신의 불편한 믿음을 타인의 생각으로 전가한 탓인데요.

독심술을 통제하려면 제삼자의 입장에서 냉정하게 검토해야 합니다. 직감이나 느낌이 아닌 객관적인 증거를 바탕으로 상황을 살피는 게 필요한데, 가령 '도경석이 나를 보고 웃는다'라는 상황에서 '뚱뚱하고 못생겼다고 비웃는구나'라는 생각이 들 때 사실이라고 단정하지 말고 확률과 근거를 살펴야 합니다. '다른 남자애들이 그랬으니 도경석도 나를 비웃을 것이다'는 객관적인 증거가 될 수 없습니다. 도경석과 다른 남학생들은 별개의 사람이니까요. 반대로 '도경석이 다른 애들처럼 내가 못생겨서 비웃었을 가능성도 있지만 100% 확실하지는 않아, 생각해 보면 도경석은 평소 외모를 갖고 놀리지 않는 편이었어'가 합리적인 반응에 가깝습니다.

　때로는 직감이 사실이기도 합니다. 머릿속에 떠오르는 생각
이 항상 옳을 수 없듯 매번 틀릴 리도 만무하니까요. 그럼에도
계속해서 생각을 검토하길 권합니다. 불길한 생각이 사실이어
도 밑져야 본전인 반면 반례를 경험하면 인지 왜곡을 줄이는
데 큰 도움을 줄 것입니다.

부적응, 후회, 중독:
성형률 1위의 불편한 진실

초등학생 때부터 외모가 콤플렉스였습니다. 객관적으로 성형 말고는 답이 안 나오는 얼굴이라 수능 끝나고 쌍꺼풀 수술과 코 필러를 받았고, 전보다 인상이 밝아졌다는 얘기를 많이 들었습니다. 살도 5kg 가까이 빼서 대학 입학 후에는 선배들한테 고백도 몇 번 받았고요. 당시만 해도 굉장히 만족스러웠는데, 한 달 전에 남자 친구랑 헤어진 후로 다시 성형 생각이 듭니다. 이번에는 사각 턱을 수술하고 싶은데, 단순히 평범한 얼굴을 넘어 예쁘다는 소리도 듣고 싶은 게 여자로서 솔직한 심정입니다.

뜨거운 이슈입니다. 외모를 논할 때 결코 빼놓을 수 없는 소재로 틀림없이 상당수가 고민해 보았으리라 추정합니다. 통계치 (2020 한국갤럽 조사: 20대 남성 100명 중 2명, 20대 여성 4명

중 1명)에서 보듯 이미 성형을 경험한 사람도 드물지 않고요. 미용 성형은 4대 요인 중 외양을 개선해 신체 이미지를 치료하는 방법입니다. 표면부 스트레스 요인에 직접 개입한다는 점에서 피부 레이저, 여드름 치료도 같은 맥락인데 결정적인 차이는 역시 가역성입니다.

외모심리학에서는 기본적으로 겉모습보다 관점 전환에 초점을 둡니다. 타인에게 비치는 모습보다 스스로가 인식하는 상이 당사자에게 더 큰 영향을 주어서인데, 혹자는 외모심리학이 성형과 대립한다고 여길지 모르겠습니다. 심리 전문가들은 성형을 만류하고 성형외과 의사들은 심리상담을 반대하리라는 생각인데요. 분명 신체 이미지 문제를 다루는 방식은 180도 상반되나 그렇기에 둘은 상호 보완적입니다. 심리학이든 성형이든 한 가지 수단으로 커버하지 못하는 어려움이 있어 외모심리학에서는 결코 성형을 반대하지 않습니다. 성형은 부정적인 신체 이미지를 개량하는 강력한 옵션으로, 특히 누가 봐도 트라우마를 느낄 정도의 모습이라면 현실적인 해법일지도 모릅니다. 그렇다고 성형을 권한다는 얘기는 아닙니다. 수술은 어디까지나 최후의 수단이어야 합니다. 다른 대안을 검토하지 않고 무작정 수술대에 오르는 행위는 절차적 당위성이 부족하고 심리적 부적응을 초래할 우려가 큽니다. 성형 자체는 문제가 되지 않으나 높은 성형률은 분명 곱씹어 볼 여지를 남기는데요.

외모심리학적으로 성형률 1위는 트렌드 변화가 반영된 결과입니다. 불과 2000년대 초만 해도 성형을 부정적으로 보는 시선이 많았습니다. '성형 괴물', '강남 미인', '의란성 쌍둥이'……. 당시 신조어에서 유추할 수 있듯 전반적으로 폄하하는 분위기였죠. 낙인 배경은 크게 네 가지였습니다. 우선 뿌리 깊은 유교 사상과 당시 의료 수준에서 기인한 안전성 우려가 컸습니다. 성형 수술이 드문 데다 암묵적으로 금기시하다 보니 낯섦에 대한 불안 심리도 작용했고요. 여기에 외모지상주의도 지금보다 덜하여 수술 희망자도 적었는데, 1990~2000년대 초 성형률은 현재의 5분의 1 수준으로 누군가 성형 의사를 밝히면 "제 정신이냐"라며 뜯어 말리던 시기였습니다.[17]

이로 인해 당시에는 성형 낙인이 외모심리학의 주요 관심사였습니다. 세간의 인식이 워낙 부정적이어서 다들 성형 사실을 밝히기 꺼려했는데 어느 정도인가 하면 여성 연예인이 코를 높인 게 화젯거리가 되고 심심찮게 악플이 달렸습니다. "졸업 앨범을 보니 얼굴을 완전히 갈아엎었더라"라는 식으로요. 그러나 무작정 성형을 반대하는 시대는 지났습니다. 서구화, 미디어, 외모지상주의의 영향으로 미의 값어치가 상승하고 뷰티 시장이 확장되었습니다. 사회·문화·경제의 모든 요인이 일관된 방향으로 맞물리며 성형이 일상화한 것인데요.

외모심리학의 포커스도 트렌드에 맞춰 변하였습니다. 21세기 초와 달리 수술 낙인보다 성형 전후 심리 변화가 주된 고려 사항인데, 수술이 주는 정서적 효과가 큰 사람과 하고 나서 후회할 사람을 분간하는 문제가 대표적입니다. 수술 만족도 예측은 생각보다 복잡한데 단순히 수술 결과로 정해지는 게 아니어서입니다. 가령 누가 봐도 예뻐졌음에도 당사자가 만족하지 못해 수술을 여러 번 받는 경우가 있는데 이러한 기현상을 이해하려면 성형과 외모, 신체 이미지가 형성하는 삼자 관계를 눈여겨봐야 합니다. 성형은 콤플렉스가 되는 외적 부위를 교정해 신체 이미지를 치료하는 방법인데 외모 변화가 신체상 개선으로 이어지리라는 보장은 없습니다. 신체 이미지를 구성하는 요인 중 한 가지에 불과하니까요.

성형 중독은 외모와 신체 이미지 간 복잡한 관계를 방증하는 현상입니다. 소수는 피치 못하게 성형이 실패한 사람들입니다. 본전을 찾으려는 심리에 수술을 거듭하다 자의 반 타의 반으로 중독에 이른 경우이죠. 반대로 외모가 나아졌음에도 성형을 반복하는 사례도 있는데, 처음에는 수술 결과에 만족했으나 좀 더 많은 변화를 추구하는 유형입니다. 주로 현저성이 높은 군

(MZ 세대, 여성, 외모가 중요한 직업)에서 나타나는 현상이고요. 아직까지 정확한 비율이 밝혀지지 않았으나 신체이형장애도 중독의 원인입니다. 생김새가 아닌 뇌 회로의 문제이다 보니 수술을 해도 효과가 전무해서인데, 외모심리학적으로 성형 금기에 해당하며 얼굴이 아닌 신체상을 다루는 게 올바른 해법입니다.

수술 결과와 만족도가 불일치하는 마지막 경우의 수는 지나친 기대입니다. 성형 만족도는 수술 전 기대치에 반비례하는데 간혹 턱없는 기대를 갖는 사람이 있습니다. 합리적인 수준을 벗어나 '성형=미의 급등=인생 역전'을 바라는데 현실과 환상 간 괴리는 결과와 무관하게 부적응을 일으킵니다. 아무리 쌍꺼풀이 생기고 얼굴이 갸름해져도 기대치에 못 미치는 변화는 마이너스로 체감되니까요.

결국 단위 인구당 성형률 1위는 단순히 낮아진 문턱, 트렌드 변화 외에 부적합군(지나친 욕심, 신체이형장애, 변신 판타지 등)이 포함된 수치입니다. 위험성을 과소평가하는 사례와 충동 성형도 걸러내야 하고요. 그중에서도 즉흥적으로 내리는 결정은 특히 경각심을 가져야 하는데 혹 결과가 안 좋으면 '차라리 하지 말 걸……'이라는 후회에서 벗어나기가 매우 어렵습니다. 수술이 잘되어도 달라진 모습에 적응하는 데 상대적으로 오랜 시간이 소요되고요. 이를 방지하기 위해 몇몇 국가(프랑스, 호주 등)에서는 숙려 기간cooling off period을 둡니다. 말 그대로 숙고한 후에 최종 결정을 내리는 제도로 성형 사유, 기대치, 위험성을 차분히 정리하는 시간을 갖는 것이죠. 다수의 시사 프로그램에서 다뤘듯 부작용으로 후회하는 사람도 절대 드물지 않으니까요.

성형 자체는 문제가 되지 않으나 심사숙고해서 결정하기

정심正心이라는 말을 좋아하고, 진료실과 일상에서 실천하려 노력하는 편입니다(비록 말처럼 잘 안 될 때가 많지만요). 마음을 바르게 한다는 뜻으로 단순히 근심 걱정이 없는 상태와는 다릅니다. 고요하면서도 조심스럽게 살피는 태도를 의미하는데 단연코 정신치료자가 갖춰야 할 마음가짐으로 꼽힙니다. 치료적 상호작용은 단순히 대화가 아닌 눈빛, 표정, 자세 등 비언어적 요소를 포함하며 이는 곧 마음 상태를 뜻하니까요.

성형 결정도 마찬가지라 생각합니다. 여러 번 언급했듯 요즘 시대에 성형은 문제가 되지 않습니다. 중요한 건 당사자의 마음가짐입니다. 반드시 신중하고 차분한 상태에서 판단해야 합니다. 할인 광고나 이벤트에 혹해서 충동적으로 결정하지 말고 가족, 친구의 의견부터 수술 후기, 유튜브까지 가능한 한 모든 정보를 놓고 충분히 고민하길 바랍니다. 모든 중대한 실수, 사고는 결국 조급함에서 비롯되는 법이니까요.

SCARED 증후군:
스트레스를 넘어 트라우마가 된 외모

어릴 때부터 외모가 트라우마였습니다. 이유 없는 불친절함과 '오크'라는 놀림, 괴롭힘이 일상이어서 세상이 차갑다는 사실은 알고 있었지만, 직장인이 된 지금도 남자를 보면 가슴이 두근거리고 무서워 눈도 똑바로 마주치지 못할 지경입니다. 제가 생각해도 얼굴 때문에 마음의 상처가 깊고 자존감도 많이 낮은 것 같아요.

정신의학적으로 트라우마는 스트레스와 질적으로 다른 개념입니다. 그 누구라도 절망감, 무력감을 겪을 법한 어려움으로 날씨에 비유하면 비가 아닌 태풍, 해일, 쓰나미에 해당합니다. 트라우마 개념을 외모에 도입하면 '누구라도 좌절감을 느낄 법한 모습'인데요. 서구에서 진행한 외모심리학 연구에서는 기형에 해당하는 모습을 중점적으로 다뤘으나 좀 더 범주를 넓혀 '평균적인 모습에 훨씬 못 미치는 외모', '어린 시절 심한 놀림을 받을 법한 모습'으로 접근하겠습니다. 누가 봐도 외모가 콤플렉스라 신체 이미지가 받은 상처도 깊은 상황이지요.

트라우마는 신체 모든 부위에 발생 가능하나 안면부가 가장 문제입니다. 외모심리학적으로 의미와 중요성이 각별해서인데요. 얼굴은 키, 체중, 몸통과 달리 고유의 정체성을 함유하여 신원 확인을 가능케 합니다. 할리우드 모 배우처럼 안면 실인증prosopagnosia*이 있으면 사람을 구별하기 어려운데 다른 표징(체구, 피부색, 옷차림)이 흡사한 사람은 비일비재한 반면 얼굴이 동일한 사람은 전무하니까요. 널리 알려진 대로 얼굴은 마음의 창이기도 합니다. 사람을 대면할 때 자동 반사적으로 얼굴을 쳐다보는 것은 상대의 감정을 헤아리는 게 관계의 출발점이기 때문인데 '겉으로 드러난 정서'라는 뜻의 한자어 표정表情에서 이를 유추할 수 있습니다. 이처럼 시인성과 표정은 상호작용의 중요한 전제이자 얼굴이 가진 고유한 기능입니다. 만일 안면에 트라우마가 생기면 100퍼센트에 수렴하는 확률로 신체 이미지에 부정적인 영향이 가해지고 사회적 외모 불안도 필연

* 안면 인식을 담당하는 하부 후두 측두엽이 손상되어 시력에 이상이 없음에도 얼굴을 인식하지 못하는 증상.

적입니다. 아래 표의 SCARED는 외모가 트라우마일 때 발생하는 현상인데, 그리 어렵지 않게 수긍이 갈 것입니다.

	외모가 트라우마인 사람의 감정	외모가 트라우마인 사람의 행동
S	타인의 시선을 의식하는 (self-conscious)	부끄러운(shy)
C	눈에 잘 띈다고 느낌(conspicuous)	겁이 많은(cowardly)
A	불안한(anxious)	공격적인(aggressive)
R	거부당한다고 느낌(rejected)	뒤로 물러서는(retreating)
E	당황스러운(embarrassed)	회피하는(evasive)
D	남들과 다르다는 느낌(different)	방어적인(defensive)

트라우마 당사자의 뇌를 기능적 자기공명 영상으로 촬영하면 편도체가 활성화되어 있습니다. 불안, 공포와 연관된 부위로 SCARED 증후군의 진원에 해당하지요. 정신의학적으로 트라우마는 일반적인 스트레스와 다른 접근을 요하는데 요동치는 마음을 다독여 진정시키는 게 급선무입니다. 또한 주변의 달라진 반응이나 거울을 보며 좌절하기 쉬운데 다시 일어서려면 자신을 위로하고 격려할 수 있어야 합니다.

용기란 두려움^{SCARED}이 없는 상태가 아니라 두려워도 계속해서 나아가는 것이다

트라우마 치료의 첫걸음은 마음 안정입니다. 인지 왜곡을 줄이는 것도 중요하지만 불안이 심할 때는 어떠한 말도 귀에 들어오지 않는 법이니까요. 심신을 가라앉히고 충격을 줄이는 데 도움이 되는 방법을 살펴보겠습니다.

1. 심상 이완법: 심상은 마음속으로 떠오르는 이미지입니다. 심상 이완법은 의식적으로 평온한 장소를 떠올려 불안을 줄이는 기술인데, 마음속으로 내가 좋아하는 장소를 한번 떠올려봅시다. 왠지 모르게 편안하고 차분해지는 곳, 언제라도 나를 따뜻하게 맞아줘 그리워지는 장소. 구체적인 위치나 안온함을 느끼는 사유는 중요하지 않습니다. 그저 삶이 버거울 때 잠시나마 안식을 얻어 갔으면 하는데, 마음속 평온한 장소는 우리 모두에게 존재하고 언제 어디서나 이용 가능하니까요.

단 10초여도 괜찮습니다. 트라우마로 힘들 때 마음속 평온한 장소를 찾아 전경, 분위기, 감촉을 고스란히 느끼길 바랍니다. 추운 겨울날 손난로의 따뜻함과 같은 위안을 잠시나마 얻었으면 합니다.

2. 트라우마 부위에 집착하지 않기: 인지심리학적으로 외모 트라우마가 SCARED 증후군으로 이어지는 건 선택적 주의

selective attention와 관련이 깊습니다. 콤플렉스 부위에 과도하게 집중하는 현상인데 스트레스를 가중하는 요인이라 교정이 필요합니다. 자세한 내용은 4장에서 다루겠지만 과도한 점검과 '외모=전부'라는 생각에서 벗어나 전체적인 모습을 살피는 게 바람직합니다.

3. 마음의 에너지를 충전하기: 카타르 월드컵 조별예선 한국 대 포르투갈전을 기억하시나요? 극적인 2:1 역전승으로 16강에 진출했는데 어떤 장면이 가장 먼저 떠오르시나요? 개인적으로는 선취점을 내준 상황에서 손흥민 선수가 손뼉을 치며 선수들을 격려하는 장면이 가장 인상 깊었습니다. 못 이기면 탈락이고 객관적 전력이 열세임에도 '집중해! 아직 시간이 많이 남았고 충분히 해낼 수 있어. 포기하지 마'라는 에너지를 전달했으니까요.

신체 이미지 문제도 마찬가지입니다. 외적인 면을 타고나지 않은 이상 내가 나를 위로할 줄 알아야 합니다. 마음에 에너지를 충전하는 습관은 상처가 깊을수록 중요한데 자신을 다독여 빨리 일어서는 사람은 상황을 반전할 확률도 높아지나 격려하지 못하고 침체된 사람은 수렁에 빠질 가능성이 높습니다. 꺾이지 않는 마음은 근본적으로 내가 나를 위로하고 다독이는 데서 비롯하니까요. 그러니 마음이 힘들수록 '힘내', '다시 시작해

보자'라는 메시지를 하루 20회 이상 나에게 들려주어야 합니다.

4. 중요한 것을 놓치지 않기: 신체상이 부정적이어도 자신의 빛나는 면을 잊지 않았으면 좋겠습니다. 외면을 수용하는 것과 별개로 자아의 신화를 좇았으면 합니다. 얼핏 역설적이지만 트라우마 치료의 진정한 출발점은 겉모습이 아닌 다른 데 있고 이를 향해 정진할 때 어려움을 감내할 영적 에너지가 생기니까요. 스코틀랜드 출신의 철학자 토머스 칼라일Thomas Carlyle의 말대로 인생에서의 비극은 고통을 받는 그 자체가 아닌 삶에서 중요한 무엇을 놓치는 것입니다.

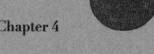

Chapter 4

스트레스를 줄이는 마음 처방전

처음 정신과 레지던트가 되었을 때 가장 놀랐던 사실 중 하나는 심리치료의 가짓수가 무려 400개를 상회한다는 점이었습니다. 반대로 생각하면 어떠한 치료법도 심적 어려움을 말끔히 해결하지 못한다는 방증인데요. 상담치료 경험이 쌓이면서 돌이켜보니 이유는 간단한데, 사람마다 아픔의 모양과 크기가 천차만별이기 때문입니다. 우울증이라는 단일 질환도 개인마다 발현 양상, 중증도, 역동의 차이가 커 전문의들은 "우울증 환자 100명에게는 100개의 다른 우울증이 있다"라고 표현합니다.

천의 얼굴을 지녔기로는 외모 스트레스도 둘째가라면 서러울 정도입니다. 신체 이미지라는 카테고리 내에서도 문제는 고도로 세분화되어 해결책도 유동적일 수밖에 없으며, 만일 중증도가 높다면 여러 가지 방법을 병용해 치료해야 합니다. 4장에서는 외모 스트레스를 줄이는 구체적인 방법을 말씀드릴 예정입니다. 개별 상황에 맞춤화된 기법과 노하우를 실생활에서 꾸준히 적용한다면 신체 이미지 회복에 분명 적잖은 도움이 될 것입니다.

외모 비하 발언
대응 매뉴얼

외모심리학은 신체 이미지 문제를 다루는 방식이 성형과 180도 상반됩니다. 여러 번 언급하였듯 생김새가 아닌 내면의 관점을 전환하는 메커니즘인데요. 이는 외부 압력에 비틀린 거울의 표면을 복구하는 작업인데 그에 못지않게 중요한 일은 당면한 일상에서 부정적인 영향을 덜 받기입니다. 신체상에 스트레스가 되는 상황을 능수능란하게 대처함을 의미하는데, 주변에서 외모를 부정적으로 코멘트하는 경우가 대표적입니다. 신체 이미지가 부정적이라면 경험했을 확률이 상당히 높은데, 멘털이 강한 사람이라면 크게 휘둘리지 않습니다. 불편한 심기를 면전에서 드러낼 수 있는 사람도 마찬가지인데, 그렇지 못하다면 몇 가지 방법을 익혀두는 게 권장됩니다.

코멘트는 크게 두 가지 유형으로 분류합니다. 첫째, 품평은

말 그대로 외모를 평가하는 발언입니다. 일상에서 가장 흔하게 접하는 유형인데, 얼핏 미는 추상적이고 키, 체중을 제외하면 정량화가 불가능해 보입니다. 더군다나 평가는 개인의 의견이라 주관성을 내포하게 마련이고요. 그럼에도 평가자 간 차이가 뚜렷하지 않은 건 이상형의 기준이 이미 설립되어서입니다. 가령 외꺼풀인 여성은 "쌍꺼풀이 아니어서 아쉽다", 키가 165cm인 남성은 "키가 작아서 별로야", 하관이 넓은 사람은 "턱을 좀 깎아야겠다"라는 말을 듣는데, 쌍꺼풀, 신장 180cm, 날렵한 턱선이 미의 기준이고 대상자가 그에 미치지 못한다는 얘기입니다. 당사자의 입장에서 당연히 기분이 안 좋은 얘기로 신체 이미지에도 부정적으로 작용하지요.

그렇다고 외모를 칭찬하라는 얘기는 아닙니다. 칭찬은 행동을 긍정 강화하는 효과가 있어 장기적으로 현저성을 높이는 요인입니다. 예컨대 사춘기 여학생에게 좋은 의도로 건넨 "얼굴도 예쁜데 몸매도 날씬하네"라는 말이 '역시 여자는 날씬하고 예뻐야 하는구나, 어떻게든 지금 몸매를 유지해야 해, 살이 찌면 절대로 안 돼'라는 압박감과 외모 집착으로 이어질지도 모릅니다. 당장은 기분이 좋아도 칭찬 또한 신체 이미지를 위협한다는 얘기이지요.

품평과 달리 놀림은 강한 공격성이 담긴 표현입니다. 콤플렉스를 날카롭게 파고드는 발언으로 비만인 사람을 '돼지, 삼겹살, 저팔계', 키가 작으면 '난쟁이, 땅콩, 숏다리', 성형한 사람은 '성형 괴물, 인조 인간'으로 폄하합니다. 아직 전두엽이 성숙하지 않은 아동·청소년기에 빈번한 현상인데 신체 이미지에 강한 데미지를 입힙니다. 대상자가 극도로 흥분하여 욕설이나 싸움으로 번지는 경우도 빈번하고요. 설령 제자리에서 반격하지 않고 분노를 억눌러도 비하 발언이 머릿속에서 사라지지 않습니다. 메아리처럼 자꾸만 귓가를 맴돌아 웬만해선 멘털이 붕괴되는데요.

비하 발언을 들은 피해자의 몸에서는 교감 신경계가 활성화됩니다. 전반적으로 심신의 긴장도가 올라가 적대심, 분노, 수치심 같은 강렬한 감정에다 안면 홍조, 가슴 두근거림 반응이 나타납니다. 역으로 비하 발언에 효과적으로 대응하려면 충동을 조절하는 게 급선무입니다. 일단 흥분부터 가라앉히고 봐야 합니다. 맞대응하거나 분한 티를 낸다고 문제가 해결되지 않으며 도리어 불이익을 당할지도 모르니까요. 마음을 진정시키기 위해 심호흡을 크게 하고 찬물로 세수하는 게 좋은데 피부에 냉자극을 주면 혈관이 수축되어 머릿속 열기를 식히는 데 도움이 됩니다.

두 번째는 '한 귀로 듣고 한 귀로 흘리기'입니다. 전문 용어로 디스트랙션distraction이라 부르는 기법인데, 쉽게 설명하자면 다른 사람이 코멘트하는 순간 내지 직전에 주의를 전환하여 인풋 자체를 줄이는 방법입니다. 임상에서는 외모 불안증 외에 신체 증상장애에서 통증이 심할 때 종종 활용하는 기법으로 전환 방법은 다양합니다. 마음속으로 구구단을 외우거나 1부터 10까지 숫자를 카운트해 볼 수도 있습니다. 시각을 활용하여 눈앞에 놓인 그림이나 스마트폰 영상에 집중하는 방법도 대안이고요.

세 번째는 이미 머릿속에 침입한 코멘트를 끊어내는 기술입니다. 일반적으로 스트레스에 취약하고 발언 강도가 셀수록 머릿속에서 반추가 일어납니다. 예컨대 직장 상사에게 "비만인 애들은 한심해. 자기 관리를 못 하니 살이 뒤룩뒤룩 찌지"라는 꽤 강한 얘기를 들으면 되새김질하기 마련입니다. 소화력이 떨어지는 사람이 변비, 위장병에 시달리듯 반추 과정이 길면 십중팔구 자기 비하적 사고로 이어집니다. 타인의 외모 품평을 '나는 게으르고 한심해. 뚱뚱한 데다 자기 관리도 못하고……' 식으로 내재화하게 되는데, 사고 중지법으로 생각 사슬을 끊어내야 합니다. 가령 낮에 들은 힘겨운 얘기가 떠오를 때마다 "이제 그만", "멈춰"라는 중지 신호를 발성하여 벗어날 수 있습니다.

마지막으로 나를 위로하고 다독여야 합니다. 아무리 대처 기술을 써도 비하 발언은 크고 작은 상흔을 남깁니다. 겉으로 드러나지 않으나 당사자의 마음은 상처투성이일 텐데요. 굳이 아픔을 부정하고 아무렇지 않은 척하기보다 수용하고 회복에 집중하는 게 바람직합니다. '살다 보면 상처받는 날도, 뜻대로 잘 안 풀리는 날도 있어. 유감스럽게도 오늘이 그런 날이구나' 식으로 아픔을 받아들이고 평소보다 나에게 다정해지기 바랍니다. 나만의 스트레스 해소법(재밌는 예능이나 코미디 영화 시청하기, 좋아하는 음악 듣기, 따뜻한 물에 샤워하기, 산책하기 등)을 통해 마음의 상처를 적극적으로 어루만지는 게 권장됩니다. 중요성이 간과되는 경향이 있으나 스트레스 상황에서 마음을 보살피는 능력은 정신건강의 밑거름이며 신체 이미지 회복에도 도움을 줍니다.

외모 비하는 결코 나만 겪은 일이 아니다

외국에서 대학생들을 상대로 진행한 연구에 따르면 신체상이 부정적으로 형성된 사람 10명 중 7명이 놀림받은 경험을 보고했습니다.[18] 외모 비하가 국적을 불문하고 보편적으로 일어난다는 얘기인데요. 뇌과학적으로 부정적인 외모 코멘트는 전전두피질prefrontal cortex과 관련이 깊습니다. 언행을 통제하는 컨트

롤 타워로 공교롭게도 20대 초반에야 발달이 완성됩니다. 뇌의 입장에서 생김새는 정서 반응을 일으키는 강력한 자극원인데 반응을 제어하기에 10대의 뇌는 아직 미성숙한 것이죠. 폭언이나 놀림 행위는 그나마 청소년기를 지나면 현저히 줄어들지만 "너는 살만 빼면 참 예쁠 텐데. 너를 생각해서 하는 말이니 잘 생각해 봐", "화장 좀 하고 다녀" 같은 지적은 계속되는 경향이 있는데 매뉴얼에 나온 방법을 활용해 효과적으로 대응하기 바랍니다. 동일한 상황에서 스트레스를 덜 받는다면 신체 이미지 회복도 빨라집니다.

챗GPT에게 물어본
신체 이미지 건강의 비밀

대화형 인공지능 서비스 챗GPT가 화두입니다. 동료 의사, 연구원에게 문의하니 답변 수준이 기대보다 훨씬 뛰어나다는 얘기가 많았습니다. 논문 작성 시 참고한다는 분도 있었고요. 궁금증이 들어 책의 테마인 '부정적인 신체 이미지를 개선하는 방법'을 물어보았습니다. 'negative body image', 'appearance related distress', 'body image problem' 등 어휘를 바꾸어 몇 차례 질문하니 크게 여섯 가지 방법을 권유하였습니다. 대체적으로 외모심리학, 신체 이미지 교과서 내용과 일치하였는데요 (챗GPT의 답변은 하기 문단의 첫 문장이었고 나머지 상세한 내용은 부연 설명하였습니다).

첫 번째 방법은 자기 돌봄^{practice self-care}입니다. 말 그대로 스스로를 보살피는 행위로 몸과 마음이 나에게 원하는 바를 떠올리면 이해가 빠릅니다. 몸에 건강한 음식을 먹고 충분한 휴식과 수면을 취해야 합니다. 산책, 요가, 유산소 운동도 도움이 되는데 BDNF Brain Derived Neurotrophic Factor라는 물질이 분비되어 우울감 호전을 비롯한 뇌 건강 전반에 도움을 줍니다. 정신건강을 돌보는 행위로는 규칙적인 생활, 취미 활동, 친밀감을 느끼는 교류가 있고요. 외모 스트레스도 결국 스트레스의 일종입니다. 심신을 가꾸는 행위는 틀림없이 신체 이미지에도 긍정적으로 작용합니다.

두 번째는 부정적인 사고방식 다루기 challenge negative thoughts입니다. 3장에서 살핀 대로 '외모=전부', 성급한 일반화의 오류, 당위적 사고, 외모 탓 왜곡, 독심술 같은 인지 오류를 바로잡아야 합니다. 왜곡된 인지를 줄일수록 불필요한 갈등에서 자유로워지고 이는 신체 이미지 증진으로 이어집니다.

세 번째는 긍정적인 사람 가까이하기 surround yourself with positive people입니다. 신체 이미지도 마중지봉麻中之蓬*입니다. 툭하면 외모를 지적하거나 부정적인 습관이 많은 사람보다는 신체 이미지가 건강한 사람을 가까이하는 게 좋습니다. 점진적으로 스트레스가 줄어들 것인데, 모방(의식적으로 다른 사람의 모습을

* 구부러진 쑥을 삼밭에서 키우면 삼을 닮아가며 곧게 자란다는 말로, 좋은 환경에 감화를 받는다는 뜻.

받아들이는 것)과 동일시(무의식적 차원에서 일어나는 모방)에서 자유로운 인간은 존재하지 않기 때문입니다.

네 번째는 외모가 아닌 몸의 다른 측면에 집중하기focus on what your body can do입니다. 쉽게 말해 디자인이 아닌 기능에 집중하라는 조언인데요. 보디 프로필이나 BMI처럼 남들에게 보이는 모습을 목표로 삼고 있다면 눈여겨볼 법한 얘기입니다. 휴대폰을 구매할 때 디자인만 보고 구입하지 않듯 누군가를 평가할 때도 마찬가지이니까요. 신체 이미지가 건강하지 않을수록 '몸=외모, 외모=사람의 전부'라는 생각에 사로잡히기 쉬운데 기능은 생각보다 중요한 요소입니다. 단순히 체중계 숫자, 사진만 보지 말고 보이지 않는 부분에도 관심을 가지기 바랍니다.

챗GPT가 제시한 다섯 번째 방법은 긍정적인 측면에 집중하기focus on what you like about yourself입니다. 뻔한 얘기로 들릴지도 모르겠습니다. 하지만 콤플렉스 부위를 몇 시간씩 들여다본다고 변하는 건 없습니다. 일반적으로 스트레스가 심할수록 특정한 부위에 눈길이 쏠리게 마련인데, 갓 여드름이 생긴 중학생이 자꾸 거울을 살피고 얼굴을 매만지는 게 대표적입니다. 챗GPT의 권고는 선택적 주의에서 벗어나라는 얘기인데 나중에 살펴볼 거울 치료법의 핵심 내용이기도 합니다.

마지막은 도움 구하기seek support입니다. "빨리 가려면 혼자 가고 멀리 가려면 함께 가라"는 아프리카 속담과도 맥락이 일치하는데요. 신체 이미지를 구축하는 작업은 기본적으로 중장기전입니다. 모든 과정을 혼자 힘으로 해내려 하기보다 유대감을 형성하는 게 바람직한데 아픔을 혼자서 삭이지 말라는 권고입니다. 슬픔과 외로움, 절망감은 타인과 공유할수록 밀도가 엷어지는 감정으로, 주변에 적절한 조력자가 없다면 전문가를 찾기 바랍니다. 시의적절하게 도움을 청하는 능력은 나약함이 아닌 현명함을 뜻하며 인생의 어려움을 수월하게 넘기는 데 보탬이 됩니다.

객관화도 중요하지만 마음을 위로하는 것이야말로 삶에서 가장 중요한 일이다

알파고, 챗GPT 등 인공지능 기술이 발달하며 객관화라는 말이 자주 들립니다. 외모와 관련해서는 1점부터 10점까지 얼굴을 수치화하는 애플리케이션이 대표적인데요. 자기 객관화가 성숙 과정에 필요한 요소임은 틀림없으나 그보다 우선시되어야 하는 건 자기 위로입니다. 스스로를 비난하지 않고 존중하는 능력은 회복 탄력성과 밀접한 연관을 보이는 반면 자신을 위로하지 못하는 사람은 어려움에서 헤어나기 힘듭니다. 우려스럽게도 신체상이 부정적인 사람들은 자신에게 너무 차가운 경향이 있습니다. 마치 제삼자처럼 냉정하게 대하다 보니 마음의 에너지가 쉽게 바닥나는데, 심리학적으로 바람직하지 않은 자세입니다. 미국 출신의 세계적인 극작가 조 쿠더트Jo Coudert가 말했듯 삶에서 가장 중요한 일은 자신을 사랑하는 것이고, 평생 알게 될 모든 사람 중에서 결코 떠나지도 잃어버리지도 않을 사람은 자기 자신밖에 없으니까요.

그럼에도 많은 사람들이 마음을 위로하는 데 서투르고 낯설어하는 게 사실입니다. 만일 나를 위로하는 방법을 모르겠다면 힘들 때 주변에서 어떻게 해줬으면 하는지, 무엇을 할 때 내가 편안함을 느끼는지 떠올려보기 바랍니다. 관점을 바꿔 비슷한 고민을 하는 친구가 있다면 어떻게 위로할지 생각해 볼 수도 있고요. 신체 이미지 케어는 변화를 체감하기까지 최소 3~6개월이 소요되는 중장거리 레이스입니다. 무조건적인 채찍질보다는 시의적절하게 당근을 건네는 사람이 목적지에 더 일찍 도착한다는 사실을 기억하길 바랍니다.

상처받은 기억을
씻어내는 방법

19세기 후반 오스트리아 정신과 의사 지그문트 프로이트는 정신분석학psychoanalysis을 창시했습니다. 정신의학사에 길이 남을 업적으로 마음의 기능, 구조를 체계적으로 설명해 노이로제 치료에 크게 기여했는데요. 정신분석에서는 사람의 마음을 크게 의식과 무의식으로 분류합니다. 후자는 말 그대로 의식하지 못하는 영역을 가리키는데 흥미로운 건 비중입니다. 무려 90% 이상이 무의식이고 의식은 빙산의 일각에 불과합니다.

이는 억압 기제와 관련이 깊은데, 마음을 보호하기 위해 위협적인 기억을 의식 너머로 밀어내는 작용입니다. 매 순간을 인식하기에 사람살이가 너무 고달프니까요. 유감스럽게도 억압은 임시방편에 지나지 않습니다. 대부분의 아픔이 무의식으로 가라앉으나 웬만큼 멘털이 강하지 않은 한 상처가 곪은 채입니다.

외모에서 비롯된 상처도 마찬가지입니다. 마음 표면은 시간이 흐르며 잠잠해졌을지 모르나 심층부는 여전히 밀도 높은 감정으로 응어리진 채입니다. 아픔을 씻어내고 싶다면 마음속 깊숙이 내려가 억압된 기억을 탐색해야 합니다. 환부가 깊을수록 근본적인 처치를 요하는데 문제는 심층부로 가는 과정이 만만찮다는 점입니다. 외모로 힘들었던 기억을 파헤쳐야 하는데 깊이에 비례하여 불안이 밀려듭니다. 상처가 깊으면 공황에 이르기도 하여 신중하게 다가가야 하는데요. 실제로 전문가들은 스트레스 치료 시 최적의 개입 시점을 산출하기 위해 상처의 심각도에다 내담자의 정서 상태, 치료 기간을 두루 살핍니다. 흡사 양파 껍질을 벗기듯 섬세하게 핵심부로 접근하는 것이죠.

기본적으로 마음의 상처를 다루는 작업에는 중요한 선행 단계가 있습니다. 상처 자체보다 고통스러운 기억을 가진 내담자를 한 명의 사람으로서 이해하는 일인데, 실제로 유형에 관계없이 모든 심리치료의 첫 단계는 개인사 파악입니다. 나이, 학력, 직업, 종교 같은 기본 정보부터 주요 방어기제, 가족 관계, 학창 시절, 가능하다면 발달력까지 세세히 조사하는 게 원칙입니다. 거의 모든 경우 내담자의 어려움이 성장 과정과 밀접히 연관되기 때문이죠. 신체 이미지 문제도 마찬가지입니다. 개인사와 연관이 깊은데 특히 부모, 형제, 친구가 영향력이 큰 인물입니다. 이들 중 누군가는 신체상에 부정적으로 작용했고 다른 누군가는 긍정적인 영향을 끼쳤을 것인데, 신체 이미지도 말과 행동을 통해 계승되기 때문입니다.

심리치료 예비 면담 때 개인사를 청취하다 보면 핵심 지점이 드러납니다. 현재 내담자의 어려움과 직결되어 유독 불안이 심하거나 눈물을 흘리는 시점이 있는데 신체 이미지는 청소년기가 취약 기간입니다. 외모심리학적으로 사춘기는 4대 요인 모두가 변동하는 시기입니다. 본격적으로 SNS를 접하고 이차 성징으로 외형 변화가 크며 정서적으로 불안정한 데다 여느 때보다 또래와 긴밀한 관계를 맺으니까요. 반대로 상처의 근원을 치료하고 싶다면 특히 중고등학교 시절을 유심히 살펴야 합니다. 외모 때문에 힘들었던 순간, 당시 들었던 얘기와 감정 반응, 신체 이미지에 유의한 영향을 끼친 사람들을 생각나는 대로 끄집어 내기 바랍니다.

만일 과거에 나를 힘들게 한 무엇이 더 이상 대수롭지 않다면 상처가 심하지 않을 가능성이 높습니다. 반대로 여전히 힘겨움, 먹먹함을 느낀다면 마음속 어느 깊숙한 부위가 곪았다는 증거입니다. 외모와 관련한 대인 관계 경험이 4대 요인에 포함된 이유도 '쉽게 잊히지 않아서'이고요. 얼핏 대수롭지 않아 보여도 무의식에는 아픔이 뿌리째 잠겨 있으니 한 번쯤 마음을 점검해 보길 권합니다.

마음의 상처를 방치해서는 안 되는 이유

심리치료에서 스트레스가 줄어드는 원리 중 하나는 환기입니다. 모두가 아는 대로 탁한 공기를 맑은 공기로 전환하는 과정을 뜻하는데 상담에서도 비슷한 의미로 쓰입니다. 억제된 생각, 감정을 외부로 표출하는 작업으로 단연코 강력한 치료 인자로 꼽히는데요. 어느 정도로 중요한가 하면 레지던트 2년 차 때 뵈었던 슈퍼바이저는 "치료 시간에 환자가 하는 말을 한 마디도 놓치지 말고 경청하라"고 당부할 정도였습니다. 단순히 일상에서 맞닥뜨린 어려움과 갈등을 털어놓기만 해도 스트레스가 줄어들기 때문인데 치료적 환기에는 중요한 전제가 있습니다. 외부 대기가 내부보다 맑아야 통기 효과가 나타나듯 말하기 힘든 얘기를 애써 했는데 반응이 부적절하면(귀담아듣지 않거나 비수용적 반응 등) 역효과를 볼지도 모릅니다.

발설 타이밍도 중요합니다. 내담자의 마음이 아직 준비가 덜 되었고 트라우마 수준의 심한 아픔이라면 언급 자체가 과거를 연상하는 공포로 작용하니까요. 스트레스를 줄이는 데 도움이 되는 건 분명하나 전제가 결코 만만치 않은데요.

수년 전부터 심리학계에서는 쓰기를 치료 옵션으로 주목합니다. 환기의 핵심은 케케묵은 생각, 감정을 내면에서 배출하는 것인데 여기서 중요한 건 구어spoken language가 아닌 문어written language도 효력이 있다는 점입니다. 실제로 보스턴의대 정신과(데니스 슬로안Denis Sloan, 브라이언 마르크스Brian Marx 교수 등)에서 개발한 쓰기 노출치료법이 기존 트라우마 치료법보다 효과가 열등하지 않고 중단율은 더 낮았다는 보고가 있습니다.[19] 진료 현장에서도 외상 후 스트레스를 치료하는 도구로 활발히 쓰이는 추세이고 개인적으로도 내담자들에게 적용 시 효과가 괜찮았습니다.

신체 이미지에 상처가 있는 사람들이 마지막으로 염두에 두었으면 하는 점은 아픔 자체보다 그것을 혼자만의 비밀로 간직하는 게 더 유해하다는 점입니다. 고인 물이 썩는다는 말처럼 정체된 생각은 반추를 거쳐 종국에는 인지 왜곡, 자기 비하로 귀결되니까요. 그러니 적절한 시점이 되었다면 어떠한 방법으로든 판도라의 상자를 개봉하길 권합니다. 다시 한번 말씀드리지만 가장 큰 고통은 타인에게 말하지 못하는 외로운 고통입니다.

대상화의 문제점을 인식하고
주권 의식 되찾기

드라마 〈내 아이디는 강남미인〉에서 주인공 강미래는 외모가 스트레스인 여대생입니다. 작품 초반부에 한 가지 특이한 장면이 있는데 주인공이 타인의 외모를 0~100점으로 점수화하는 장면입니다. 외모심리학적으로 대상화objectification 개념과 관련이 깊은데 인격체로서 지닌 생각, 감정을 존중하지 않고 외모만으로 상대를 평가하는 시선입니다. 원인은 크게 세 가지로 추정됩니다. 어릴 적 들은 외모 평가, 성 역할 관념에 따른 남녀간 현저성 차이, 미디어에 등장하는 성애화된 모습(적나라한 포즈를 취하는 화보, 가슴과 엉덩이, 각선미를 부각하는 광고와 영상물).

외모에 점수를 매기는 강미래의 습관을 불편하게 보는 사람이 많겠지만 대상화의 흔적은 엄밀히 말해 일상 곳곳에서 발견

됩니다. 포르노와 미인 대회부터 운영진이 외모를 평가하는 소개팅 앱, 단톡방 외모 품평 사건, 최근 유행하는 보디 프로필까지…….

자신을 73점으로 평가한 강미래처럼 대상화는 십중팔구 자기 대상화로 이어집니다. 다른 말로 신체 모니터링이라고 하는데 제삼자의 입장에서 겉모습을 감시하고 평가하여 신체 이미지를 훼손합니다. 1998년에 이를 입증한 실험이 있었는데 연구 참여자들은 각각 수영복과 평상복을 입고 수학 문제를 풀었습니다.[20] 수영복 착용은 자기 대상화를 의도한 설정인데 결과는 예측대로 수영복을 입은 군에서 수행도가 낮았습니다. 몸매를 의식하다 보니 문제 풀이에 온전히 집중할 수 없었던 것이죠. 실제로 미국 노스웨스턴대학 심리학과 러네이 엥겔른 교수도 대상화가 외모 강박을 부추겨(특히 여성에서) 궁극적으로 시간과 에너지를 앗아간다고 설명하였습니다.

외모심리학적으로 자기 대상화가 일으키는 문제점은 크게 네 가지입니다. 첫 번째는 외모 불안증입니다. 다른 사람이 나를 지켜보리라는 생각에 갇히다 보니 마음 한구석이 불편하기 마련입니다. 두 번째는 몸을 향한 불만입니다. 자기 대상화는 외모 평가를 자신에게 적용하는 것으로 작은 결함을 확대 해석하는 주범입니다. 외모가 완전무결하지 않은 한 열등감, 수치심이 그림자처럼 동반됩니다. 모니터링 습관은 주의집중력을 외부에 쏠리게 하여 내수용 감각(몸의 느낌)을 인식하는 데 훼방을 놓습니다. 이로 인해 식사할 때 배고픔, 포만감에 입각하기보다 감정에 휩쓸려 폭식할 위험이 높아집니다. 마지막으로 무언가에 몰입하기가 어려워지는데 몸의 주체가 아닌 감시자로 전락한 상태이니까요.

자기 대상화는 단순히 외모를 살피는 행위와는 다릅니다. 기본적인 단장(세안, 머리 감기, 외출 목적에 알맞은 옷 착용)은 사회생활의 기본 요소로, 이 과정에서 발생하는 외모 점검은 모든 사람의 일과표에 포함된 규범적 행위입니다. 일상 곳곳에 배치된 거울은 이를 방증하는 물품이고요. 문제는 지나친 외모 감시입니다. 적정선을 넘어선 모니터링은 강미래처럼 신체 이미지가 건강하지 않은 사람이 가진 악습관으로 고충을 가중하는 요인입니다. 타인이 관찰하리라는 생각에 수시로 거울을 살피고, 다이어트 약을 먹고, 불편한 옷차림을 한 채 스트레스를 받으니까요. 머릿속을 들여다보면 '다른 사람이 내 모습을 어떻게 볼지'가 정중앙에 위치하는데 외모 관리가 선택이 아닌 필수에 다다른 상태입니다.

신체상이 긍정적으로 형성된 사람은 정반대입니다. 외모가 중요한 상황과 그렇지 않은 상황을 알게 모르게 구분합니다.

소개팅을 앞두고 풀메이크업을 하더라도 가까운 편의점에 갈 때는 편안한 옷을 입습니다. 또한 외모를 관리하고 꾸미는 데서 스트레스가 아니라 즐거움을 느낍니다. 모니터링 경향이 높은 사람과 달리 자신의 가치가 외모로 결정되지 않는다는 점을 은연중에 인식하니까요.

자기 대상화 경향을 낮추는 네 가지 방법

강미래처럼 자기 대상화 경향이 높다면 최우선적으로 모니터링 습관을 모니터링하길 권합니다. 장시간에 걸쳐 점진적으로 형성된 버릇이라 인식하지 못하는 사람이 많은데 패턴(관련된 행위의 종류와 빈도)을 분석하는 것만으로 상당한 도움이 됩니다.

두 번째 방법은 모니터링과 유관 행동을 줄이는 것입니다. 앞서 살펴본 실험에서 수영복을 평상복으로 갈아입는다고 생각하면 되는데 대상화를 부추기는 PT 전단지, SNS 등의 매체(특히 '외모=전부' 유의 메시지를 보내는 미디어)를 멀리하고 타인을 의식한 불편한 옷차림(하이힐, 타이트한 옷, 짧은 치마)을 대체해야 합니다. 특히 습관적으로 하는 외모 감시(셀카, 체중계와 거울 사용)를 줄이는 게 좋습니다.

다음으로 현저성을 낮추어야 합니다. 그러기 위해선 스스로를 규정할 때 외모가 차지하는 비중이 줄어들어야 하는데, 현실적으로 정체성에서 완전히 빠지기는 어려우나 다른 요소들이 더해져 점차적으로 외모를 후순위에 위치시켰으면 합니다. '나=외모'에서 '나=A+B+외모……' 식으로 무언가가 더해질수록 대상화에서 멀어집니다.

　마지막으로 타인의 망막에 맺히는 상에서 벗어나 주권 의식을 되찾아야 합니다. 이는 관점의 전환을 뜻하는데 신체 이미지는 단순히 스펙만으로 결정되지 않기 때문입니다. 설령 겉모습과 다른 면이 동일해도 외모(각선미, 체중, 예쁜 옷)보다 몸의 느낌(발바닥 촉감, 배고픔과 포만감, 실용적인 의상)과 기능에 집중할수록 스트레스는 줄어듭니다. 여러 번 말씀드렸듯 신체 이미지는 내가 나를 바라보는 내면의 거울이니까요.

마이너스를 플러스로 전환하는
삶의 활력소

언젠가 동료 의사 한 명이 식사 도중 고민을 털어놓은 적이 있습니다. 유복한 가정 환경에서 성장해 차분한 성격, 호감형 외모를 갖춘 데다 의학전문대학원을 우수한 성적으로 졸업하고, 업무적으로도 유능함을 인정받는 동료였습니다. 남부러울 게 없어 보이는 그의 고민은 뜻밖에도 허무함이었습니다. 육체적으로는 병원 인턴 때가 가장 힘들었는데 정신적으로 가장 힘든 시기는 공중보건의 시절이었다고 그는 토로했습니다. 공중보건의는 주로 지방의 의료 취약지에서 중증도가 높지 않은 진료 업무를 담당하는 대체 복무요원입니다. 국내 보건의료 실정을 고려하면 꼭 필요한 역할이지만 업무 강도는 낮은 편이라 의사들 사이에서는 어느 정도 여유가 있는 기간으로 통합니다. 그런 공중보건의 시절이 정신적으로 가장 힘들었다는 고백을 아마 대부분은 이해하지 못할 것입니다. 다수의 관점에서 보면 분명 배부른 고민이 맞지만, 동료의 고민을 가벼이 여길 수 없었던 이유는 단순히 편안하고 스트레스가 없는 상태가 행복한 것도 아니기 때문입니다. 과제나 시험, 신체적 문제, 파트너와의 갈등으로 스트레스를 받는 시기에는 눈앞의 일만 끝나면 무한정 좋을 것 같지만 이내 공허함과 무료감이 찾아오는 게 사람살이의 한 측면입니다.

모 공중보건의의 고민은 플로flow 개념과도 일정 부분 접점이 있습니다. '흐르다'라는 의미로 알고 있을 텐데, 심리학에서는 무언가에 깊이 몰입한 심리 상태를 지칭합니다. 몰입 상태에 이르면 몇 시간이 몇 분처럼 흘러간 듯한 시간 감각의 왜곡과 자신의 존재를 의식하지 못하는 무아지경을 경험합니다. 뇌에서 자기 검열, 자의식과 관련한 전전두피질의 활성화가 줄어들고, 도파민이라는 신경전달물질이 분비되어 강렬하고 깊이 있는 즐거움을 느끼게 됩니다.

미국 심리학자 미하이 칙센트미하이Mihaly Csikszentmihalyi는 몰입을 인간이 경험하는 최고의 순간이자 하늘을 자유로이 나는 느낌으로 묘사했는데, 매개체는 사람마다 제각각입니다. 타고난 성향과 재능, 관심사, 삶의 경험에 따라 달라지는데 밤늦게까지 연구에 몰두하는 과학자, 한적한 작업실에서 창작에 전

넘하는 예술가, 시간 가는 줄 모르고 공을 차는 초등학생, 사랑하는 사람과 함께하는 시간을 떠올리면 이해가 빠를 듯합니다.

서구의 몇몇 심리학자는 몰입 개념을 신체 이미지 개선에 적용한 바 있는데 얼핏 외모와 무관해 보이지만 주관적 안녕감과 연관이 깊습니다. 몰입은 신체 모니터링과 상반되는 상태이기도 한데, 잠시나마 의식 세계에서 벗어나 외모 자체를 인식하지 못하기 때문입니다. 적어도 몰입하는 순간만큼은 잠시나마 현실적 고뇌를 초월하는 것이죠. 미국심리학회 회장을 역임한 저명한 심리학자 마틴 셀리그먼Martin Seligman은 여기서 한 걸음 더 나아가 몰입을 행복의 3대 요소 중 하나로 꼽기도 했는데, 무언가에 전념하는 순간이 곧 행복이라는 얘기입니다.

정신의 초점을 거울 너머로 옮긴다는 점에서 뷰티 헌팅beauty hunting도 몰입과 유사점이 있습니다. 거울을 보거나 SNS를 하다 보면 나도 모르게 외모를 의식하게 되는데 뷰티 헌팅은 대자연(하늘, 바다, 산의 풍경), 소자연(꽃, 나무 등), 상호 작용(반려동물과 산책, 연인·친구와의 대화), 예술 작품에서 의도적으로 즐거움을 찾는 시도를 가리킵니다. 아우슈비츠 수용소에서 기약 없는 수감 생활을 하던 정신과 의사 빅터 프랭클Viktor Frankl이 석양의 아름다움에 감탄하는 장면이 대표적인데요. 몰입과 더불어 대부분의 사람들이 일상에서 알게 모르게 하는 정신적 행위로 소소한 즐거움을 만끽하도록 도와줍니다. 바쁜 일상에서 인식하지 못한 채 스쳐 지나가기 마련이나 마음의 에너지원은 생각보다 가까이에 놓여 있다는 뜻입니다.

외모심리학적으로 몰입과 뷰티 헌팅에 관심을 가져야 하는 이유는 외모와 몸, 정신의 유기성에 있습니다. 셋은 삼위일체입니다. 심신일원론으로 널린 알려진 몸과 마음의 상호 연관성처럼 세 가지는 분리해서 생각하기 어렵습니다. 가령 몸 컨디션이 안 좋으면 기분도 처지고 외모를 향한 만족감도 떨어지는 반면, 즐거운 일이 있으면 외모 자존감과 활력 지수도 덩달아 상승합니다. 결과적으로 신체 이미지는 삶의 질과 긴밀한 연관성을 보이고 반대로 주관적 안녕감은 외모 만족감에 직결됩니다. 전혀 상관성이 없어 보이지만 웰빙 지수가 높아지면 겉모습에 변함이 없어도 스트레스가 줄어든다는 뜻입니다.

Appearance hunting, distress에서 beauty hunting, eustress로

스트레스의 어원은 '팽팽하게 죄다'라는 뜻의 라틴어 stringer입니다. 전문가들은 스트레스를 디스트레스distress와 유스트레스eustress로 분류하는데 이혼, 사별, 실직, 교통사고가 전자의 대표적인 예시입니다. 유스트레스는 디스트레스와 대조되는 긍정적인 자극으로 집중력과 의욕을 끌어올리는 효과가 있습니다. 연애, 여행, 정신적 의미를 부여하는 일, 진급 등이 대표적인데, 체내 면역세포를 활성화시키는 등 유익성이 입증되었습니다.

동료 의사가 공중보건의 시절에 필요로 했던 것도 몰입 과정에서 발생하는 유스트레스였습니다. 스트레스를 둘로 구분하는 것에서 유추할 수 있듯 사람의 정신은 지나친 느슨함을 경계합니다. 당면한 스트레스가 사라져 평안함에 도달하면 이내 새로운 자극을 추구하는데 적절한 수준의 긴장감을 요하는 속성이 정신에 내재해 있기 때문입니다. 과도한 스트레스는 해롭지만 전무한 상태도 썩 바람직하지 않다는 얘기이지요. 만일 적절한 수준의 긴장감을 적당한 인터벌로 제공하는 자극원이 있다면 정신건강에 큰 도움이 되는데, 정기적으로 하는 운동처럼 삶에 활력을 부여하기 때문입니다.

이는 신체 이미지 케어의 궁극적인 목표와도 접점이 있는데, 단순히 고충을 줄이는 것이 아닙니다. 동료의 경험이 말해 주듯 디스트레스 감소를 목표로 하면 행복이나 즐거움이 아닌 공허 상태에 도달하리라는 얘기인데, 결론은 플러스 알파입니다. 지금까지 살핀 방법들(인지 재구조화, 외모 비하 발언 대처법 등)은 마이너스를 최대한 제로에 가깝게 만드는 것을 지향하지 플러스로 끌어올리지는 못합니다. 스트레스를 줄이는 데만 골몰하지 말고 정신에 긍정적인 자극을 주는 무언가를 찾아보자는 얘기입니다.

이는 "Appearance hunting을 beauty hunting으로 전환하라"는 외모심리학 격언과도 같은 맥락인데, 신체상이 부정적일수록 거울을 향한 시선을 다른 대상으로 옮기라는 권고입니다. 거울을 들여다본다고 스트레스가 줄어들 리 만무한 반면 그것의 밖에는 훨씬 더 넓은 세상이 펼쳐져 있으니까요. 틀림없이 그곳의 무언가가 숙명적 고통과 허무함을 활력으로 전환하는 열쇠를 제공할 것입니다. 신체 이미지는 내가 나를 바라보는 관점이지만 이는 세상을 바라보는 관점과도 결코 무관하지 않습니다.

거울을 활용한
외모 스트레스 치료법

동화 『백설 공주와 일곱 난쟁이』에서 가장 인상 깊은 장면으로 거울 신을 많이들 꼽습니다. "거울아, 거울아. 세상에서 누가 제일 예쁘니"라는 대사와 왕비도 예쁘지만 가장 아름다운 사람은 백설 공주라는 답변은 단연코 동화의 백미인데요. 단순히 재미를 떠나 외모심리학적으로도 생각할 거리가 많은 장면입니다. 거울이 얼굴 외형을 비춘다면 답이 정해진 질문은 왕비의 신체 이미지를 시사하는데 거울 앞에서 매일 똑같은 질문을 반복할 정도로 현저성이 높고, 아름다운 외모와 대조되는 공허한 내면, 자신보다 예쁜 사람을 향한 살벌한 시기심이 왕비가 말해 주는 자신의 심리역동입니다.

동화에는 나오지 않으나 그녀는 보통 사람들과는 다른 방식으로 거울을 사용했을 개연성이 높습니다. 하루에 수십 번씩,

어쩌면 수백 번도 넘게 거울을 들여다봤을 겁니다. 자신보다 예쁘다는 이유로 누군가를 살해할 만큼 외적인 면에 집착하는 인물이니까요. 소유한 거울의 개수, 종류가 헤아리기 어려울 정도로 많고 사용 시간도 상당했을 것임에 틀림없습니다. 물론 거울은 생필품이기도 합니다. 의식주 중 의와 필수 불가결한 관계여서 거울을 들여다보는 시간은 모든 사람의 일과표에 놓여 있는데요. 여기서 거울은 부적절한 모습(흐트러진 옷매무새, 패션 부조화, 불량한 위생)을 점검하는 규범적인 용도입니다.

외모를 중요시하는 현대 사회에서 거울의 의미는 확장됩니다. 현저성이 높은 사람들에게 거울은 단순히 겉모습을 반사해 주는 도구가 아닙니다. 위생보다 미와의 연관성이 더 높은 물체로 거울을 사용하는 습관은 신체 이미지를 유추하는 핵심 단서가 됩니다. 외모심리학적으로 거울 사용 빈도는 외모를 향한 관심에 비례합니다. 확률적으로 여성과 10~30대 초반이 남성과 중장년층보다 거울을 더 자주 들여다봅니다. 대부분은 적정 횟수, 시간 동안 거울을 살피나 왕비처럼 외모를 극단적으로 중요시하거나 신체상이 왜곡된 일부(신경성 식욕부진증, 신체 이형장애)는 지나칠 정도로 많은 시간을 할애합니다. 그렇다고 사용 시간이 적을수록 자존감이 건강하다는 얘기는 아닙니다.

정체성에서 외모가 차지하는 비중이 낮다는 의미이기도 하나 지나치게 적은 사용은 회피 기제를 시사하니까요. 글자 그대로 겉모습에 자신이 없어 반사 표면을 멀리한다는 얘기이지요.

거울을 들여다보는 방식도 눈여겨봐야 합니다. 신체 이미지가 부정적일수록 거울을 비전형적으로 사용할 가능성이 높습니다. 정면으로 응시하는 게 두려워 곁눈질로 쳐다보거나 특정 조명 아래에서만 바라보거나 혹은 외모가 나아 보이는 거울만 이용한다면 불안이 상당하다는 방증입니다. 아무도 없는 상황에서조차 똑바로 눈을 마주하지 못할 정도이니 평소 '다른 사람이 나를 어떻게 바라볼까', '혹시 내가 못생겼다고 비웃는 게 아닐까'라는 걱정이 많았을 겁니다. 한편 거울을 볼 때 특정 신체 부위만 관찰하는 사람도 있습니다. 가령 머리숱이 적은 남성은 이마와 정수리만 살피고, 쌍꺼풀이 없어서 고민인 여성은 눈꺼풀 부위를 자주 비춥니다. 다이어트를 하는 중이라면 복부가 거울 중앙에 놓일 것이고요.

앞서 언급한 방식 중 해당 사항이 있다면 교정이 필요합니다. 만일 선택적 주의 경향이 높다면 외양을 전반적으로 관망하는 게 도움이 됩니다. 특정 부위만 살피는 습관은 돋보기처럼 결점을 확대 해석하고 긍정적인 면을 평가 절하할 우려가 크기 때문입니다. 거울 응시가 두렵다면 각도와 밝기, 횟수를 조금씩 조정하는 게 바람직합니다. 특정한 조명이나 비스듬한 각도로 들여다보는 회피 기제는 가상의 불안을 가중할 우려가 있는데, 겉모습을 왜곡하거나 부정확하게 인식(실제로는 외모가 나쁘지 않은데 당사자가 지나친 걱정을 하거나 정확한 외모 지각을 방해)하여 신체 이미지 회복에 걸림돌이 됩니다. 반대로 거울을 너무 자주 들여다본다면 단계적으로 멀어져야 합니다. 당사자의 불안감은 이해가 가나, 왕비의 사례에서 보듯 과도한 점검은 부정적인 신체 이미지를 시사하는 무의미한 행위에 지나지 않습니다.

핵심은 거울의 본래 용도를 떠올리는 것이다

거울 치료법의 요점은 정상적인 방식으로 거울 사용하기입니다. 비정상적인 거울 사용은 신체 이미지의 병리가 투영된 습관인데 이를 역으로 교정하는 것이죠. 가장 중요한 건 선택적 주의에서 벗어나기입니다. 특정 신체 부위에 꽂히는 현상은 엄밀히 말해 나도 모르게 외모를 평가해서 생기는 일인데요. 예컨대 코가 콤플렉스인 사람은 거울을 볼 때 코만 눈에 들어오는데, 이는 '코가 조금만 더 높았더라면', '코가 낮아서 마음에 안 들어' 식의 부정적 평가에서 비롯됩니다.

이론적으로 선택적 주의에서 벗어나려면 콤플렉스가 전무

하거나 아니면 의식적으로 신경을 기울여야 하는데, 겉모습을 판단하는 대신 객관적으로 관찰하고 지나가는 습관을 들이는 게 좋습니다. 또한 부분이 아닌 전체를 살펴야 합니다. 가령 거울을 5분 동안 사용한다면 콤플렉스를 느끼는 부위가 아닌 모든 부위에 시간을 고루 할애하기 바랍니다. 특정한 부위에 집착한다고 스트레스가 줄어들 리 만무하며 잔상이 남아 신경만 쓰일 뿐이니까요. 신체상이 부정적일수록 거울의 본래 용도를 떠올려보아야 한다는 얘기입니다.

신체 이미지에 유익한
행동활성화 요법

진료 현장에서는 주로 우울증과 스트레스 질환을 치료할 때 활용하는 기법입니다. 하루 활동량을 측정하고 구체적인 계획을 세운 후 행동에 참여하여 보상(즐거움, 성취감, 기분 전환)을 얻는 것이 핵심인데요. 여기서 중요한 점은 자신에게 보상을 주는 행동을 정확하게 인식해야 하는데, 정작 당사자가 잘 모르는 경우가 적잖습니다. 그럴 때는 보통 산책이나 조깅 같은 가벼운 운동을 권하는데 효과를 확신하기 때문입니다. 실제로 운동은 정신과 의사들이 가벼운 스트레스부터 우울증, 불안장애, 치매에 이르기까지 치료에 도움이 된다고 자신하는 몇 안되는 방법 중 하나입니다. 개인적으로도 어떻게 하면 우울감이나 스트레스를 빨리 해소할 수 있을지 조언을 구하는 지인들에게 확신을 갖고 권하는 요법인데요.

분명 운동이 신체 이미지 치료에 특화된 방법은 아닙니다. 그럼에도 효과적이라 자신하는 이유는 결국 뇌에 유익해서인데요. 챗GPT가 답변한 대로 세포 수준에서는 BDNF가 증가하는데, 보다 직관적으로 이해하자면 유산소 운동을 하면 종아리와 심장 근육이 튼튼해지듯 비록 두개골 내에 위치해 눈으로 확인할 수 없으나 뇌에도 긍정적인 영향이 가해져 종국에는 스트레스가 줄어드는 것입니다. 흔히 정신과 전문의나 상담심리사의 직무를 마음을 치료하는 일로 생각하는데, 엄밀하게는 뇌를 건강하게 만드는 작업입니다. 정신은 몸을 통제하는 컨트롤타워이지만 뇌라는 생체 기관이자 몸의 일부이기도 한데, 실제로 심리치료 전후의 뇌를 기능적 영상으로 촬영한 연구에서 연결성에 변화가 나타났다고 확인된 바 있습니다.[21~22]

약물치료 또한 세포 수준에서 신경전달물질 농도를 조절하여 뇌의 염증을 줄이고 기능적 연결성과 가소성을 조절하는 게 핵심 기전인데, 이는 우울증 치료제인 SSRI[*]나 SNRI[**]를 불안장애나 트라우마 치료 시에도 쓰는 것과 유관합니다. 우울, 불안 내지 트라우마를 선별적으로 치료하는 게 아니라 뇌 기능

---

* 선택적 세로토닌 재흡수 억제제, 가장 대표적인 항우울제.
** 세로토닌-노르에피네프린 재흡수 억제제, 세로토닌과 노르에피네프린의 재흡수를 차단하는 이중 기전 항우울제.

전반을 호전시켜 증상을 경감하는 원리이죠.

비록 당시에는 기전을 인식하지 못했으나 운동은 개인적으로도 효과를 체감한 방법입니다. 갑작스러운 탈모증으로 신체상이 격변한 고등학생 때와 어느 정도 시간이 흘렀음에도 열등감이 깊었던 재수 시절, 저녁을 먹고 나면 무작정 걸었습니다. 주로 집 근처 바닷가와 산책로를 따라 걸었는데 기분이 나아지는 걸 선연하게 느낄 수 있었습니다. 의대생이 되고서야 어렴풋이나마 이유를 알게 되었는데 운동을 하면 항우울제의 핵심 기전이기도 한 세로토닌이 분비되어 부정적인 감정이 줄어듭니다. 우울증에 효과적인 행동치료법의 원리 또한 즐거움을 느끼는 행동을 통해 활동량을 늘리는 데 있고요. 물론 스트레스의 원인과 유형, 중증도는 사람마다 편차가 큰 게 사실입니다. 그렇기에 플러스로 작용하는 건 분명하나 어느 정도로 도움이 될지, 누군가에게 효과적인 방법이 다른 사람에게도 비슷한 정도로 도움을 주리라고는 장담할 수 없습니다. 중요한 건 스스로에게 적합한 행동을 찾아 실천하는 것이지요.

운동과 몸, 뇌의 연결 고리는 심신일원론과도 맥락이 통하는데 전공의 1년 차 때 처음 알게 되었습니다. 집담회 발표를 준비하기 위해 운동의 효능에 관한 국내외 논문을 정리했는데, 그야말로 정신이 번쩍 들며 "등잔 밑이 어둡다"라는 속담이 떠올랐습니다. 너무도 식상하여 소홀히 하던 행위가 신체 이미지 회복에 도움을 주었으리라고는 꿈에도 생각지 못했으니까요.

중요한 건 머리로 아는 게 아니라 몸으로 실천하는 것이다

운동이 신체 이미지 케어에 도움이 된다는 사실이 어느 정도 수긍이 간다면 다음 의문은 '어떤 운동을 얼마나 해야 하는가' 입니다. 아직까지 뚜렷한 해답은 없으나 일반적인 의학적 지침을 바탕으로 답을 드린다면 '유산소, 무산소 운동을 병행하여 주 3~5회가량 일주일에 150분 이상' 수행하기를 권장합니다.

몸과 달리 신체 이미지의 변화는 곧바로 체감하기 어려울지도 모릅니다. 땀이 흥건할 정도로 달리기를 하고 나면 심장이 건강해진 느낌이 들고 아령을 들면 근육이 팽창하는 반면, 뇌의 경우 약간의 기분 개선 외에 뚜렷한 보상을 인식하기 어려운 게 사실입니다. 그럼에도 적어도 3~6개월은 지속해 보길 권합니다. 겉으로 표가 나지 않을지언정 걷고 달리고 움직이는 과정에서 스트레스도 차츰 줄어들 것입니다. 평소 100%라는 말을 써본 적이 거의 없으나 정신신체의학 전문가로서 100%에 수렴하는 확률로 확신하는 바입니다.

외모 열등감을
효과적으로 관리하는 기술

신체 이미지 힐링은 곧 내면의 열등감을 다스리는 여정입니다. 외모 스트레스에 필연적으로 수반되는 핵심 감정으로 익숙하면서도 낯선 느낌이지요. 한 명의 예외 없이 모든 사람이 어릴 적부터 숱하게 경험했으나 존재를 부정하고 외면하기 급급하니까요. 열폭*은 감정을 적시에 조절하지 못한 폐해로 일시적인 흥분과는 다른 개념입니다. 오랜 시간에 걸쳐 무분별하게 억압한 감정이 홍수처럼 새어 나오는 현상에 가까운데요.

기본적으로 열등감은 불같이 강렬한 속성의 감정입니다. 개인심리학을 창시한 알프레드 아들러Alfred Adler가 말한 대로 발전의 동력이 되기도 하나 통제하기 어려운 게 문제입니다. 열등감이 심한 사람이라면 틀림없이 폭발한 경험이 있을 텐데 충

* 열등감 폭발의 줄임말.

동 조절 실패는 반드시 비난, 죄책감, 후회로 되돌아옵니다. 내면의 열기를 분출하고 나면 당장은 속이 후련하나 최종적으로 본인에게 돌아오는 부메랑이 더 크니까요. 평판에 부정적인 영향을 끼치고 경우에 따라서는 돌아올 수 없는 강을 건너기도 합니다. 시간이 지날수록 감정을 억제하지 못한 자신을 책망하게 되는데 근본 원인은 존재를 받아들이지 못해서입니다. 내면에 침잠한 화산을 다스리려는 노력 대신 방치하다 보니 폭발을 막지 못한 셈이지요.

따라서 열등감을 다스리는 첫 단계는 감정 인식인데, 결코 말처럼 간단하지 않은 일입니다. 경험상 첫 단계조차 넘어서지 못한 사람이 과반수인데, 자신의 부족한 면을 인정하는 게 그만큼 힘들기 때문입니다. 확률적으로 한 번도 경험하지 않았다는 게 오히려 이상할 만큼 보편적인 감정임에도 짐짓 태연한 척, 열등감이 없는 쿨한 사람인 척 연기하는데 익숙하기 때문이죠. 이는 열등감을 부족함, 나약함, 지질함과 동일하게 간주해서인데, 심리학적으로 바람직하지 않은 관점입니다. 더군다나 다른 부문(돈, 학력, 업무적 역량)과 달리 외모는 변화의 폭이 극도로 제한적이라는 한계가 있습니다. 유전자의 영향이 절대적이어서 유독 도화선이 되기 쉬운데 거꾸로 생각하면 열등감을 수용하는 것만으로도 5부 능선을 넘은 셈입니다.

두 번째 단계는 구체적인 위치를 탐색하기입니다. 열등감은 마음속 가장 깊숙하고 구석진 곳에 위치합니다. 어느 누구에게도 드러내지 않고 꽁꽁 숨기고 싶은 비밀이다 보니 맨 아래층에 자리하는데, 감정 분출을 방지하기 위해서는 화산의 좌표를 탐색하고 지속적으로 모니터링해야 합니다. 가령 "나는 외모에서 ○○ 부위가 콤플렉스야. 주변 사람 중 △△을 만날 때 유독 열등감이 심해져. 평소에는 30만큼 느끼는데 특정 상황에서는 70으로 올라가"라는 식으로 구체적인 부위, 악화되는 상황, 강도를 명명하는 게 도움이 됩니다. 열등감의 온도를 틈틈이 체크해서 위험 수준에 이르지 않도록 조절하는 요법이지요.

다음 관문은 공생입니다. 열등감은 박멸이 아닌 조율의 대상입니다. 내재한 본성(보상 효과, 비교 심리, 원초아 등)과 사회·문화적 요인으로 인해 완전히 제거하기는 어려운 감정입니다. 외모의 역할이 큰 10~20대 초중반에는 불가능에 가까운 일이지요. 감정을 효과적으로 관리하려면 역설적으로 열등감과 공존하는 법을 익혀야 합니다. 이 점은 코로나19 대응책을 떠올리면 이해가 빠른데, 전무한 상태가 아닌 일정 수준의 열등감을 당연시하는 마음가짐이 현실적입니다. 몸이 건강한 사람도 종종 피로감을 느끼고 이따금 두통, 감기 몸살을 겪듯 외모 열등감도 마찬가지입니다. 단번에 해결하고 싶겠지만, 마음을 가라앉히며 긴 호흡으로 접근하는 게 바람직합니다.

그럼에도 감정 조절에 어려움을 느낀다면 한 번쯤 마음 심층부로 내려가 보길 권합니다. 외모 때문에 억울함, 서러움, 비참함을 느낀 경험, 유독 가슴이 답답해지는 지점을 수색해 보아야 하는데 무언가 아른거리는 형체가 보인다면 의식 너머로 밀어내지 말고 정면으로, 하다못해 곁눈질로라도 응시해 봅시다. 만일 주시하기 어렵거나 불편함이 심하다면 그 느낌을 보다 구체화할 필요가 있습니다. 감정을 상세히 파악하여 의식의 수면 위로 끌어올릴수록 스트레스가 줄어들 테니까요. 설령 화산을 없애지 못해도 존재를 인식하면 신체 이미지 회복의 다음 관문으로 넘어갈 수 있습니다.

열등감을 통제하는 열쇠는 생각, 감정, 행동의 유기성이다

외모 열등감도 결국 열등감입니다. 단순히 외모에서 비롯된 콤플렉스에 주안점을 두기보다 총체적인 열등감을 다루는 것도 하나의 방법입니다. 어떻게든 열등감의 총량이 줄면 힘듦도 줄어들 테니까요. 감정은 기본적으로 생각, 행동과 사슬처럼 연결된 사이입니다. 삼자 관계에서 핵심은 사고와 행동 변화를 통해 감정을 조절할 수 있다는 점이고요. 마음이 울적하면 아무것도 하기 싫지만 긍정적인 기억을 떠올리고 밖으로 나가 걸으면 기분이 나아지는 것처럼요. 우울감이 자기 비하, 활동량 감소로 이어지기도 하나 그것의 역도 성립하기 때문이죠.

외모 열등감 통제의 실마리도 기본적으로 생각, 감정, 행동의 유기성에 있습니다. 대응책은 열등감의 온도에 따라 달라지는데 만약 폭발 직전이라면 자리를 피하는 게 상책입니다. "결국에는 너에게 손해가 되니 참아야 해" 식의 얘기는 귀에 들어오지도 않을 시점이니까요. 분출 없이 지속적으로 들끓는 열등감도 문제입니다. 심신의 에너지를 야금야금 갉아먹는데 장기전임을 인식하고 마음 관리법을 터득해야 합니다. 이 점은 체력이 안 좋은 사람이 음식을 가려 먹고 에너지를 효율적으로 써야 하는 점과 유사한데, 자신에게 적합한 방식을 찾는 게 핵심입니다.

또한 다가오지 않은 먼 미래를 염려하기보다 오늘 하루에 집중하기를 권합니다. 지나치게 멀리 생각하다 보면 불필요한 걱정이 들게 마련인데, 미래의 일은 미래의 내가 감당할 몫이니 우선은 눈앞에서 벌어지는 일에 집중해도 충분합니다. 까다로운 룸메이트인 만큼 인내심을 갖고 장기적인 안목으로 접근하길 바랍니다.

스트레스에 대응하는
슬기로운 마음가짐

"스트레스는 쉽게 풀리지 않아 스트레스"라는 말이 있습니다. 매듭을 풀려고 하면 도리어 더 엉키는 경우처럼 결국은 시간이 필요하다는 얘기인데요. 실제로 거의 모든 경우 스트레스는 요령이나 잔꾀를 부려도 쉽게 해소되지 않습니다. 반대로 시간이 지나면 저절로 사그라지거나 적어도 크기 또는 빈도가 줄어듭니다. 때로는 스트레스 자체보다 응하는 마음가짐이 더 중요하다는 결론인데요.

1장에서 말씀드렸듯 개인적으로 고등학교에 재학 중이던 어느 여름날에 스트레스 지수가 높았습니다. 전두 탈모증 발병 초기로 머리 감을 때마다 머리카락이 한 움큼씩 빠져 공포스러웠고 거울을 보는 것도 힘겨웠습니다. 불과 2~3주 만에 탈모반이 두피의 절반을 넘어섰고 한 달 뒤에는 눈썹마저 침범할 정도로 신체 이미지의 변동이 극심했습니다. 아침에 눈을 뜨기가 싫었습니다. '오늘도 학교에 가야 하는구나⋯⋯' 집을 나서는 게 버거울 정도로 사회적 외모 불안이 심했는데 등하교는 물론이고 점심시간에 식사하러 가기가 두려워 밥을 굶을 정도였으니까요. 외모 비하 발언도 만만치 않았습니다. 심지가 여물지 못했던 나머지 대머리라고 불릴 때면 흡사 주먹으로 얻어맞은 듯 가슴이 아팠고, 특히 여학생들의 웃음 앞에서는 모멸감을 느꼈습니다. 집에 돌아와서도 학교에서 들은 얘기로 마음이 무거웠고 잠에 들 때면 '영원히 깨어나지 않았으면⋯⋯' 하고 바랐더랬죠.

분명 신체 이미지가 받은 데미지가 꽤 깊었으나 당시에는 아무런 대응도 하지 못했습니다. 외모심리학 지식이 전무해 그저 하루하루를 인내할 수밖에 없었고 이후의 시간도 별반 다르지 않았습니다. 고 3, 재수, 대학생 때도 외모로 초라함을 느끼는 순간이 많았는데, 신기하게도 시간이 흐르며 스트레스는 차츰 줄었습니다. 당시에는 이유를 깨닫지 못했지만 상처가 아무는 것만큼은 선연히 느낄 수 있었는데요.

정신의학적으로 스트레스가 줄어드는 데는 크게 두 가지 이유가 있습니다. 원인이 해결되거나 마음이 단단해져서인데 숙련된 심리치료자는 후자의 경우를 종종 경험합니다. 1년~1년

반 이상 장기간 상담을 진행하면 내담자가 점차 호전되는 것을 목격하는데, 어려움에 대처하는 힘인 자아가 성장하기 때문입니다. 연고를 바르지 않아도 자연스레 아무는 피부 상처처럼 사람의 마음도 상처를 치유하는 힘을 내재하고 있으니까요. 흔히 내담자들은 치료자 측에서 당면한 어려움을 해결할 묘안을 내놓으리라 기대하지만, 심리치료의 원리는 정신에 내재한 고유의 생명력을 북돋아 주는 것에 가깝습니다. 그로 인해 많은 경우(생물학적 경향이 강해 투약이 필수 불가결한 경우도 있지만) 진정한 변화는 약물이나 상담 같은 외부 요인이 아닌 내담자의 안에서 시작됩니다. 치료자의 역할은 마음이 자생하도록 거들어주는 것뿐이고요.

마음의 상처가 아무는 데는 중요한 전제가 있는데 일정 수준의 시간과 인내심입니다. 어떠한 자생력도 꺾이지 않는 마음 없이는 발휘되지 못하기 때문인데, 스트레스가 심할수록 "조금만 더 힘을 내보자. 오늘은 유독 힘들고 긴 하루였는데 그래도 내일 다시 해보자"라는 위로와 격려의 말을 주문처럼 되뇌어야 합니다. 만일 삶에서 중요한 일을 포기하고 싶을 정도라면 적어도 하루 20회 이상 들려주어야 하는데, 신체 이미지가 성장하려면 최소한의 시간(적어도 3~6개월)이 필요하고 포기하고 싶은 하루를 버티려면 자신을 위로하고 격려할 줄 알아야 합니다. 누군가의 기대와 달리 외모심리학은 어려움을 단번에 없애는 술법을 알려주지 않습니다. 여타의 심리치료와 마찬가지로 앞으로 정진하는 과정에서 무르익는 마음의 성질을 주요하게 활용합니다. 그러니 당장 체감되는 변화가 크지 않더라도 계속해서 마음을 다독이며 올바른 방향으로 나아가길 바랍니다.

끝으로, 어쩌면 가장 중요한 얘기일지도 모르겠습니다. 신체 이미지가 부정적이어도 즐거움은 일상생활 곳곳에 놓여 있습니다. 스트레스가 극심한 하루조차 현미경으로 들여다보면 사소한 즐거움이 산재해 있고, 이것이 비참한 하루를 덜 비참하게 만들어줍니다. 배꼽이 빠질 정도로 웃긴 반 친구의 유머와 장난, 응원하는 스포츠 팀의 짜릿한 역전승, 정오에 내리쬐는 햇볕의 기분 좋은 따스함, 제목은 모르지만 계속해서 듣고 싶은 감미로운 멜로디…… 소소한 기쁨은 항상 주변에 놓여 있었습니다. 삶을 살고 싶게 만드는 게 무언가에 깊이 빠지는 데서 오는 희열이라면 어두운 터널을 지나는 힘은 지극히 사소할 정도로 작은 즐거움에서 비롯됩니다.

"스트레스는 쉽게 풀리지 않아 스트레스"라는 말대로 적잖은 인내심을 필요로 합니다. 불운하게도 만성적인 유형이고 환경이 열악하다면 원인이 해소돼서이든 마음이 성장해서이든 상당한 시간을 요하고요. 스트레스와 마음의 특성을 고려할 때

해법은 생각보다 간명한데, 주어진 하루에 충실하는 것입니다. 감당하기 버거운 상황에서도 끊임없이 마음을 다독이며 앞으로 나아가는 것, 타인의 날 선 말에 상처 입어도 미래를 향한 희망을 잃지 않고 끝끝내 버티는 것, 자괴감과 어둠으로 가득한 시간 속에서 순간의 즐거움을 놓치지 않는 것. 이것이 쉽게 풀리지 않는 스트레스를 마주할 때 한 번쯤 떠올려보았으면 하는 점입니다.

스트레스를 줄이기보다 신체 이미지가 성장하는 모습 지켜보기

디데이D-day의 유래를 아시나요? 뜻밖에도 군사 용어입니다. 제2차 세계대전 노르망디 상륙 작전에서 공격 확정일을 앞두고 사용된 게 가장 유명한 사례인데, 대중적으로는 중요한 일을 체계적으로 준비할 때 쓰이는 듯합니다. 신체 이미지와 관련해서는 주로 보디 프로필 촬영을 앞두고 활용되며, 카카오톡도 디데이 기능을 탑재했는데요.

디데이에는 항상 부호가 붙습니다. 예정일까지 남은 기한을 표기할 때는 마이너스가, 다이어트 시작일처럼 기준일로부터 초과한 시점에는 플러스 부호가 붙습니다. 마이너스 부호는 긴장감을 심어줌과 동시에 안도감을 느끼게 합니다. '데드라인까지 ○○일 남았구나. 조금만 더 버티면 어떻게든 끝이 나는구

179

나' 식으로요. 반대로 플러스는 노력을 시각화하여 기운을 불어넣는 효과가 있습니다. 어릴 적 돼지 저금통처럼 성취물을 목도하면 '어느덧 이만큼 쌓였구나. 그래도 나름 열심히 했구나'라는 뿌듯함과 더욱 열심히 해야겠다는 에너지가 생깁니다.

디데이 카운트는 신체 이미지를 관리하는 데도 도움이 되는데 부호는 마이너스가 아닌 플러스를 활용하길 바랍니다. 둘은 시간을 대하는 마음가짐의 차이입니다. 종료일이 정해진 마이너스와 달리 플러스는 현재 진행형이라는 점에서 막막함이 드나 가능성이 무궁무진하다는 의미이기도 합니다. 외모가 고민일수록 스트레스를 줄이기보다 신체 이미지를 키워나가라는 얘기인데 노력의 축적물을 지켜보는 것만큼 힘이 나는 일도 몇 안 되기 때문입니다.

신체 이미지 힐링을 위한
외모심리학 십계명

외모 스트레스는 현대인이 보편적으로 경험하는 뇌의 반응입니다. 종의 본성이 미를 갈망하는데 DNA로 확정되고 가변성이 낮은 형질이다 보니 많은 사람들이 정서적 어려움을 겪습니다. 인생살이의 어쩔 수 없는 불공평함에 낙심한 누군가에게 외모심리학은 또 다른 가능성을 제시합니다. 생김새가 아닌 그것을 바라보는 관점을 바꾸는 방법인데 스트레스를 줄이려면 책의 핵심 내용을 체화해야 합니다. 단순히 머릿속에 입력하는 것을 넘어 실생활에서 자유자재로 적용할 때 진정한 힐링이 시작됩니다.

이번 절에서는 핵심적인 사항을 복기하는 시간을 가지려 합니다. 무작정 많은 내용을 알기보다 하나라도 더 자신의 것으로 익히는 게 중요하다는 판단입니다. 간략하게나마 외모심리학의 핵심 개념을 되짚어 보도록 하겠습니다.

첫째, 불완전함에서 비롯된 감정을 부정하지 말아야 합니다. 거울에 비치는 모습이 마음에 들지 않고, 잘난 친구에게 질투와 열등감을 느끼는 자신이 한심할지도 모르겠습니다. 하지만 모두 보편타당한 감정입니다. 인간이라면 특히 10대, 20대에 충분히 경험할 수 있는 자연스러운 감정이니 스스로를 비하하기보다 안아주었으면 합니다. 신체적 외모의 특성에 따라 반응이 달라지는 게 어쩔 수 없는 현실이지만, 자신을 보호하는 것만큼 중요한 일은 또 없으니까요. 이상과 현실의 괴리감으로 고충을 느끼는 마음을 충분히 다독여 주기 바랍니다.

둘째, 외모심리학의 지향점은 외양이 아닌 신체 이미지입니다. 현대 사회에서 미의 중요성을 부인하기 어렵고, 남들보다 못한 모습이 자존감에 상당한 영향을 끼치는 게 사실인데요. 하지만 외모가 신체 이미지 건강의 보증 수표는 아닙니다. 예쁘지만 신체상이 부정적으로 형성된 사람이 있는 반면 겉모습과 무관하게 자신을 존중하는 사람도 상당합니다. 한 번쯤은 전자와 후자의 차이점을 생각해 보았으면 합니다. 그들의 사고방식과 행동, 습관에서 치유의 실마리를 얻을 수 있을 것입니다.

셋째, 신체 이미지 힐링에는 중요한 전제가 있는데 보디 시그널입니다. 모두가 알다시피 외모와 몸은 종속 관계입니다. 신체의 일부이자 표면이 곧 외모이니까요. 비록 현대 사회에서 중요성, 영향력을 부인하기 어려우나 몸이 보내는 신호를 무시해선 안 됩니다. 미를 가꾸더라도 적정선을 지키라는 얘기인데, 규칙 위반은 필히 부메랑으로 되돌아옵니다.

넷째, 신체 이미지 회복의 첫 단계는 정확한 원인 파악입니다. 무작정 외모를 원인으로 지목하기보다 네 가지 원인과 현저성에 영향을 끼치는 요인을 종합적으로 검토해야 합니다. 신체상이 부정적으로 형성된 이유를 상세히 파악할수록 맞춤화된 대응이 가능해지고 종국에는 더 나은 결과를 기대할 수 있습니다.

다섯째, 신체 이미지 회복의 두 번째 단계는 방향 인식입니다. 외모와 달리 오감으로 인식할 수 없는 영역에 놓인 만큼 잘못된 길로 들어서지 않도록 각별한 주의가 필요합니다. 방향을 올바르게 인식하면 다음 단계는 생각보다 수월한데, 비록 최소 3~6개월의 적잖은 시간이 소요되지만 스트레스가 차츰 줄어듭니다. 신체 이미지가 회복된 사람과 그렇지 못한 사람의 가장 큰 차이가 바로 방향성이었습니다.

여섯째, 타인의 근거 없는 의견을 맹신하지 않길 바랍니다. 미디어에서 전달하는 메시지에는 '성형=인생 역전', '여자한테는 외모가 전부다', 당위적 사고를 비롯한 왜곡된 생각이 다량 함유되어 있는데, 고충을 줄이려면 진위 여부를 분별할 줄 알아야 합니다. 적어도 일정 분율分率의 스트레스는 있는 그대로의 현실이 아닌 마음의 착각에서 비롯된다는 얘기입니다.

일곱째, 미의 가치를 부정하지 않되 정확한 눈높이로 인식해야 합니다. 현대 사회에서 외적인 면이 갖는 중요도를 무시하기는 어렵습니다. 분명 인간의 뇌가 외모를 보는 것은 사실인데 그렇다고 외모만 보지는 않습니다. 신체상이 부정적일수록 유언비어에 휘둘리기 쉬운데 확증 편향을 경계해야 합니다.

여덟째, 지금 신체 이미지가 건강한 사람의 상당수는 한때 외모로 어려움을 겪었습니다. 신체 이미지의 영역에서 10~20대 초중반이 그만큼 힘든 시기라는 뜻인데요. 하지만 영원히 특정 연령대에 머물 수 없듯 스트레스가 줄어드는 시기도 반드시 찾아옵니다. 계절의 순환처럼 피할 수 없는 삶의 이치인데 하나의 단편적인 사실로 기억해 두길 바랍니다.

아홉째, 스트레스가 심할수록 마음을 다독이고 거울 밖 더넓은 세상을 바라보았으면 합니다. 현실적으로 외모가 트라우마인 사람도 분명 있을 것입니다. 하지만 어려움이 클수록 내가 삶에게 바라는 게 아닌 삶이 나에게 바라는 바를 떠올려보아야 합니다. 이미 경험한 힘듦을 없앨 수는 없지만 주어진 하루에 충실하며 소중한 기억을 더해 갈수록 트라우마는 옅어지니까요.

마지막으로 슬픔은 억압하지 않고 표출할 때 줄어드는 감정입니다. 신체 이미지의 상처가 깊은 누군가가 너무 멀쩡한 척하지 않았으면, 아픔을 혼자만의 비밀로 간직하지 않았으면 좋겠습니다. 마음이 힘들고 지칠 때는 아픔을 표현하고 따뜻한 위로를 받았으면 합니다.

힐링의 가장 중요한 열쇠는 밖이 아니라 안에 있다

스코틀랜드의 유명 작가 새뮤얼 스마일스Samuel Smiles는 저서 『자조론』에서 "생각이 바뀌면 행동이 바뀌고, 행동이 바뀌면 습관이 바뀌고, 습관이 바뀌면 성격이 바뀌고, 성격이 바뀌면 운명이 바뀐다"라는 말을 남겼습니다. 진정한 변화는 외부가 아닌 내면에서 비롯된다는 얘기인데 신체 이미지 문제도 마찬가지입니다. 전인적인 차원에서의 힐링은 밖이 아니라 안에서 출발하는데, 이 말의 진의를 이해한다면 7부 능선을 넘은 셈입니다.

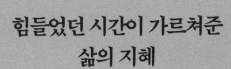

Chapter 5

힘들었던 시간이 가르쳐준
삶의 지혜

정신과 의사들이 진료실에서 인용하는 속담 중에 "비 온 뒤 땅
이 굳는다"라는 말이 있습니다. 순탄하게 살아온 사람조차 크
고 작은 우여곡절을 피할 수 없는 게 삶인데, 중요한 건 인생에
서 경험하는 모든 일에서 배울 점이 있다는 사실입니다. 어느
정도 연배가 있는 사람일수록 공감도가 높은 얘기일 텐데, 모
분석가는 다음 일화를 들려주셨습니다.

　어느 산골짜기에 마을이 두 군데 있었습니다. 한 곳은 고도
가 낮아 장마철마다 수해를 겪은 반면 다른 마을은 고지대에
위치해 한 번도 침수 경험이 없었죠. 어느 해 여름, 전례가 없을
정도로 심한 장마가 발생했습니다. 두 마을이 모두 잠길 정도
로 물난리가 심했는데, 뜻밖에도 피해 규모는 지대가 높은 마
을이 훨씬 더 컸습니다. 예상외의 결과가 발생한 이유는 체험

적 지혜의 차이에 있었는데, 저지대 마을 주민들은 매년 수해를 겪으며 자신도 모르는 새 홍수에 대처하는 노하우가 쌓였습니다.

너무나 자명한 사실이지만 인간은 선천적으로 지혜를 타고나지 못합니다. 긍정적이든 부정적이든 경험을 통해 성장하는 존재인데, 역경이 정신에 남기는 흔적에서도 양면성을 찾을 수 있다는 뜻입니다. 빗방울에 질척거리던 시기에는 금방이라도 떠내려갈 듯 위태롭지만 구름이 걷히고 햇살이 내리쬘 무렵 땅은 단단하게 굳어 있습니다.

인생은 생각이 아닌
실천으로 만들어진다

이따금 상담치료 효과에 의문을 표하는 분을 만날 때가 있습니다. 몇 가지를 고려해야 하지만 본질적인 이유는 정신을 치료하는 작업이 장시간이 소요되고 불확실성을 내포하기 때문입니다. 생물심리사회적 모델이 시사하듯 정신 질환의 발병에는 다수의 요인이 복합적으로 작용합니다. 약물과 상담치료도 중요하지만 환경적 요인도 결코 무시할 수 없다는 뜻인데요. 하물며 진료과 특성상 다른 임상과와 달리 증상 심각도와 경과를 파악하기도 어렵습니다. 환자의 보고를 기반으로 한 의사의 진찰에다 수백 문항짜리 설문지, 투사 검사를 시행해도 혈액 검사처럼 100% 정확하다고 말할 수 없습니다. 그나마 치료 효과가 빨리 나타나면 다행이지만, 그렇지 않으면 내담자들은 점차 불확실성에 휩싸이는데요.

경험상 3개월가량 치료에도 별다른 차도가 없으면 "치료가 잘되고 있는지……"라는 문의가 슬슬 들어오고, 기간이 6개월을 넘어서면 "정신과 치료는 효과가 없어", "역시 난 안 돼"라는 무력감에 포기하는 분들이 본격적으로 등장합니다. 치료자 측에서도 막막함을 느끼는 순간이지만 그럼에도 치료를 지속하도록 설득하는데, 당장은 뚜렷한 호전이 없어도 마음 한편으로 치료의 가능성을 믿어서입니다. 믿음의 과학적 근거는 뇌가 보유한 신경가소성neuroplasticity이라는 특별한 성질이고요.

뇌의 가소성은 신경세포가 후천적 경험을 통해 기존 신경망을 새롭게 구축하며 변화하는 성질을 뜻하는데, "Practice makes perfect"라는 말과도 맥락이 통합니다. 특정한 지식과 기술을 익히기 위해 반복하다 보면 숙련도가 높아지는데, 뇌의 신경회로가 무언가를 더 잘하고 익숙해지도록 변하기 때문입니다. 정신의학적으로 신경가소성이 중요한 이유는 practice(연습이 아닌 치료, 실천이라는 뜻도 있습니다)를 통해 고충을 줄일 수 있어서인데, 실제로 심리치료 효과를 설명할 때 기능적 뇌 영상으로 촬영한 치료 전후의 신경회로 변화를 보여주기도 합니다. 피부 상처와 달리 육안으로 확인하기 어렵지만 마음의 상처도 분명 아문다는 증거인데요.

뇌가 변화 가능하다는 사실은 단 한 권의 예외 없이 심리, 자기계발 서적에서 종국에는 실천을 강조하는 이론적 근거이기도 합니다. 우울이든 낮은 자존감이든 부정적인 신체상이든 꾸준히 마음을 관리하면 호전될 수 있어서인데, 문제는 고충이 클수록 실천율이 떨어진다는 점입니다. 가장 큰 이유는 기간에 비례하여 '어차피 난 안 될 거야'라는 패배자 각본이 작동해서 인데, 20세기 미국 정신과 의사 에릭 번Eric Berne이 교류분석 이론transactional analysis에서 처음 명명한 개념입니다.

에릭 번은 삶을 한 편의 드라마에 비유하며 무대 위 배우들이 각본에 따라 연기하듯 사람도 인생 각본대로 살아간다고 주장했는데요. 각본은 아동기에 형성된 무의식적 틀을 가리키는데 크게 승리자, 비승리자, 패배자 세 가지로 분류됩니다. 승리자는 소위 '위닝 멘털리티'를 갖춘 사람이고, 비승리자는 대다수 평범한 사람입니다. 문제는 역시 패배자 각본인데, 진료실에서 종종 듣는 "거 봐요. 저는 어차피 안 돼요", "지금까지 그랬듯 저는 영원히 상처에서 벗어날 수 없는 운명이에요" 하는 생각이 대표적입니다.

교류분석에서 말하는 각본은 운명론과도 일부 접점이 있습니다. 승리자 각본을 거머쥔 사람이 '나는 할 수 있어' 하는 근거 없는 자신감을 갖고 매사 진취적으로 도전하는 반면, 각본이 부정적인 사람들은 형언하기 힘든 불길함에 시도조차 하지 못합니다. 놀라운 점은 동일한 결과임에도 해석하는 방식이 전혀 다르다는 점인데요. 예컨대 같은 대학교, 직장에 합격해도 전자는 '열심히 했으니 당연한 결과야'라고 생각하는 반면 후자는 '운이 좋았어' 하고 성취를 평가 절하합니다. 둘의 운명을 가르는 건 역시 실패를 받아들이는 방식의 차이인데, 승리자가 '이번에는 잘 안 되었네. 살다 보면 열심히 해도 안 되는 일이 있는 거야. 다음에 다시 도전해야겠다' 하며 금세 털어버리는 반면 패배자는 '역시…… 이럴 줄 알았어. 난 어차피 안 돼. 무슨 일을 해도 안 될 운명이니까'라는 수렁에 빠집니다. 자연스레 승리자는 목표를 이루기 위해 다시 일어서지만 패배자는 '다시 해봤자 어차피 안 될 거야'라는 무력감에 아무것도 하지 않습니다.

자신의 의사와 무관하게 부정적인 각본을 받아 든 누군가에게 에릭 번은 이렇게 말했습니다. "각본이 무언가를 해낼 수 있다는 자신감과 직결되는 건 분명하나 그보다 더 중요한 건 얼마든지 바뀔 수 있다"라고. 이유를 설명드리자면 간단한데, 각본은 숙명이 아닌 한낱 머릿속 생각에 지나지 않습니다. 가정환경이나 타고난 여건이 안 좋아 패배자 각본이 주어졌다면 손금의 경로가 승리자, 비승리자보다 험준하겠지만, 목표를 달성하기 위해 필요한 무엇들을 실천하면 그들과 동일한 결실을 맺을 수 있습니다. 상상과 달리 실제 현실에서 삶을 조형하는 건 각본의 불길한 속삭임이 아닌 목표를 향해 내딛은 발걸음의 개수이니까요. 그러니 자신감이나 끈기가 부족하여 무언가를 끝까지 해낸 경험이 적은 사람일수록 각본과 신경가소성의 상관성을 생각해 보았으면 합니다. 꾸역꾸역 발걸음을 옮기는 사람은 신경가소성이 가동되며 각본이 사실이 아님을 점진적으로 지득하지만, 각본대로 아무것도 하지 않으면 영영 꼭두각시 신세에서 벗어날 수 없습니다.

개인적으로 뇌 영상 연구를 통해 입증된 당연한 사실이긴 하지만 상담치료가 도움이 된다고 확신하는 바입니다. 다만 효과를 체감하려면 뉴런의 시냅스가 재조직되기 위한 시간과 실천이 뒷받침되어야 하고, 이는 불확실성에 대한 내성을 뜻합니다. 불분명함(생각)을 견디며 나아가는 힘(실천)을 배양하는 것은 정신치료의 핵심 목표이기도 한데 고통, 세금, 죽음과 더불어 피할 수 없는 삶의 요소이자 인간이 가장 두려워하는 것이기 때문입니다. 역으로 자아가 성장하려면 불안을 인내하고 두려움을 거슬러 오르는 경험을 쌓아야 하는데, 이는 인간의 힘으로 통제할 수 없는 운명적 요인이 있음을 겸허히 받아들이되 어떻게든 앞으로 나아가려는 마음가짐을 뜻합니다.

만일 '어차피 안 될 거야'라는 패배주의 때문에 제자리에 정체된 사람이 있다면 우선은 한 걸음부터 시작해 보기를 권합니다. 가장 어려운 단계이자 때로는 수년의 시간이 소요되기도 하지만 어떻게든 첫걸음을 떼면 두 번째 걸음은 더 수월해지고 이후의 과정도 마찬가지인데, 일정 수준의 시간이 흐르면 출발하기 전에는 상상조차 하지 못한 변화가 있을 것입니다. 나도 모르는 사이 가동된 신경가소성이 숙련도와 자신감을 끌어올려 처음보다 발전해 있을 테니까요. 마찬가지로 무언가를 실천한 지 꽤 되었음에도 여전히 출구가 보이지 않는다면 흔들리지 말고 뚝심 있게 나아가길 바랍니다. 방향성만 잃지 않는다면 그것이 무엇이 되었든 나름대로의 결실을 맺게 되는데, 숙명론자들의 주장과 달리 손금의 경로는 상시로 변하기 때문입니다. 손바닥에 새겨진 굵은 곡선을 조성하는 건 생각이 아니라 실천이니까요.

평등해야 한다는 생각을
내려놓을 수 있다면……

현실적이지만 혼란스러운 얘기일지도 모르겠습니다. 외모지상주의라 불리는 시류를 받아들이는 태도에 관해서인데요. 엄밀한 정의의 외모지상주의는 미를 절대적 가치로 간주해 연관이 없는 상황에서조차 외모가 유의한 영향을 끼치는 현상을 뜻합니다. 용모가 업무적 역량과 무관한 직종임에도 채용 시에 반영하거나 같은 잘못을 해도 외모가 수려한 학생의 처벌 수준이 낮은 게 대표적입니다. 인터넷에서는 미를 향한 본능적 선호에서 비롯된 혜택 및 차별로 외모지상주의의 의미를 확장하는 경향이 있는데, 쉽게 말해 실생활에서 외모의 메리트가 너무 크고 불공평하다는 얘기이죠.

현대인들은 다소 모순적이게도 외모가 중요하다는 메시지와 "외모보다 내면이 더 중요하다"는 얘기를 동시에 들으며 자랐습니다. 후자의 경우 미는 나이가 들면 소실되는 부질없는 것이니 내공을 쌓는 데 집중하라는 조언이 대표적인데요. 학동기 아이들의 인지 수준을 고려 시 적절한 대답이긴 하나 당면하게 될 현실과 동떨어진 얘기이기도 합니다. 분야를 막론하고 후천적 노력으로 보상하지 못하는 선천적 요소가 있고, 신체 자본도 결코 예외가 아니기 때문이죠. "외모보다 내면이 중요하다", "재능보다 노력이 더 중요해" 하는 말은 종종 '외모처럼 선천적으로 부여되는 게 아닌 노력해서 이룬 성과로 평가받아야 해'라는 당위적 사고로 이어지는데, 뜻밖에도 신체 이미지 회복을 방해할지도 모릅니다. 미를 향한 본능적 선호에서 비롯된 불평등성과 정반대 방향에서 충돌하니까요.

내적 아름다움과 노력의 중요성을 맹신한 사람은 대개 20대 초중반 무렵에 괴리감을 느끼곤 합니다. '주변 친구보다 열심히 공부해서 좋은 대학에 들어갔으니, 어려운 시험에 합격해서 남들이 알아주는 직장에 입사했으니 이제 보상을 받아야 해'라는 생각은 필히 기대치에 비례하는 실망감, 혼란을 주는데요. 주로 선천적 여건의 불균등에서 발생한 열등감을 보상하기 위해 남들보다 열심히 살아온 사람에게, 외모의 경우 여성에서 빈번하게 관찰되는 현상입니다. 외적 아름다움보다 다른 면(학업 성적, 인성, 자산 등)이 더 중요하다고 믿고 노력하여 성취를 이뤘음에도 현실이 기대치에 미치지 못해 이상함을 느낍니다. 특히 다른 부문에서 전혀 뒤처질 게 없는데 유독 신체적 매력이 빼어난 누군가가 더 나은 대접을 받을 때 배신감은 절정에 달합니다. 되짚어 보면 후천적 노력과 내면의 가치를 실제보다 높이 평가해서인데요. '착하고 똑똑하고 성실해도 예쁜 사람보다 안 좋은 대우를 받을 수 있다, 아무리 노력해도 때로는 유리한 여건을 타고난 사람에게 미치지 못할지도 모른다'는 현실은 머릿속 핵심 신념과 대립하기 때문이죠.

외모 메리트는 사회 이슈인 형평성과는 대척점에 있는 현상입니다. 간혹 유명인사의 병역 기피, 고위 공직자 자녀의 입시 비리 뉴스가 터지면 댓글창이 뜨거워지는데, 그만큼 많은 사람이 형평성에 민감하다는 방증입니다. 기저에는 기회가 균등해야 하고 후천적 노력의 총량에 비례하는 결과가 주어져야 한다는 신념이 자리하는데, 때로는 좋은 의도에서 시작된 말이 갈등을 일으키기도 합니다. 외모, 가정 환경을 비롯한 선천적 여건이 현대 사회에서 갖는 이점은 어쩔 수 없는 현상임에도 굳게 자리한 신념과 대립하다 보니 '뭔가 잘못되었고 억울하다는 느낌', 무력감, 자기 연민이 뒤따릅니다.

정신과 전문의로서 결코 노력의 중요성을 폄하하고 싶지 않지만 선천적 요인의 메리트를 부정하는 것도 성숙하지 못하다는 의견입니다. 재능과 노력, 외모와 내면 모두 인생에서 무시할 수 없는 요소로 각각의 중요성을 실제 현실에 맞춰 인식하는 게 바람직하다는 견해인데, 매사 합리적이고 평등한 사회라면 타고남이 주는 메리트가 없어야 마땅하지만 발 디딘 현실은 그렇지 않으니까요. 미를 향한 인간의 반응을 바꿀 수 없고, 다른 방면의 노력으로 극복하는 게 어렵다면 차라리 관조적인 태도를 취하는 게 현명할지도 모릅니다. 사람이라는 종의 본성이 원래 그렇고, 사회는 이성과 논리, 정의가 존재하지 않는 정글이라고 간주하는 것이죠. 이러한 관점 전환은 궁극적으로 외모 때문에 겪은 불이익(실생활에서 발생하는 어쩔 수 없는 차등)이 억울한 게 아닌 당연하다는 마음가짐으로 이어지는데, 기울어진 세상에서 나 홀로 평등을 외친다고 달라지는 게 없다면 복잡한 머릿속이라도 정리하는 게 낫다는 계산입니다.

개인적으로도 10대, 20대 시절 형평성에 민감한 편이었습니다. 무언가 옳지 않다고 생각되는 일이 있으면 이의를 제기하기도, 격앙된 어조로 논쟁을 벌이기도 했는데 부질없는 일이었습니다. 어차피 사람은 쉽게 변하지 않고, 관점을 달리해서 보면 그리 대수롭지 않은 일이기도 하니까요. 가슴속 화가 줄어든 건 머릿속 저울을 내려놓으면서인데, 정신과 의사로서 연륜이 쌓이며 평등과 공평, 공정을 바라보는 관점이 보다 현실적인 방향으로 조정된 것 같습니다.

태생적 불공평성으로 머릿속이 복잡한 누군가에게 들려주고 싶은 얘기는 "사람을 향한 기대치를 낮추고, 삶의 어쩔 수 없음을 받아들여라"입니다. 아무리 불공평해도 인간의 욕망은 사그라들지 않습니다. 내면의 노력을 세상이 알아주지 않는다고 억울해하기보다 차라리 마음의 관점을 바꾸는 게 효율적입니다. '나는 친구 ○○보다 학점도 높고 더 부지런한데, 외모 때문에 인기가 없으니 억울해' 하고 생각하지 말고 '친구 ○○은 외모를 타고났으니까 성실하거나 착하지 않아도 인기가 많은 건 당연해', '○○은 나와 별개의 사람이니 굳이 비교할 필요 없어. 그동안 열심히 노력한 덕분에 나도 이전보다 많이 발전했어' 식으로 전환해 보는 것이죠. 어쩔 수 없는 불이익에 비분강개하기보다 현실에 맞추어 굳은 신념('내면이 아름다운 사람이 더 인정받아야 한다', '타고난 재능, 가정 환경, 외모보다 노력해서 이룬 성취물로 평가받아야 한다' 등)을 가다듬고, 횡적 비교를 종적 비교로 대체하라는 권고입니다.

세상을 향한 기대치를 현실적으로 교정한 사람에게는 뜻밖의 선물이 주어지는데, 여유로움이 주는 매력과 자유입니다. 불평등한 점을 꼬치꼬치 따지기보다 조금 손해 보아도 허허실실 넘어가는 사람과 뒤처진 상황에서도 웃음을 잃지 않는 사람이 인기가 더 높은데, 타인의 관점에서 편하기 때문입니다. '마음이 넓고 항상 여유가 있는 사람', '함께 있으면 왠지 모르게 편안한 사람'이라는 평이 더해지고 이는 매력 지수에도 반영됩니다. 당사자 또한 지금껏 경험하지 못한 홀가분함을 느끼게 되는데, 복잡하게 엉킨 무의식의 실타래가 한 오라기나마 풀리기 때문이죠. 여건이 어려울수록 쉽지 않은 일이지만, 프레임을 변화시킬 수 있다면 정신은 한층 성숙해집니다.

최선의 결정이란 곧 내면의 목소리에
귀 기울이는 것이다

평소와 다름없이 지내는데도 허무함이 들 때가 있습니다. 일도 사랑도 여가도 모두 나쁘지 않은데 충만함보다 권태감을 느끼고 삶이 무의미하다는 생각이 듭니다. 허전한 마음을 채우기 위해 업무와 자기계발에 열중하고 지인과 술자리를 갖고 나면 조금 나아지는가 싶다가도 허무함은 쳇바퀴처럼 반복됩니다. 로고테라피logotherapy를 제창한 오스트리아 정신과 의사 빅터 프랭클은 현대인의 마음이 느끼는 허무함을 실존적 공허 existential vacuum라 명명하였습니다. 4장에서 살펴본 몰입 개념과도 접점이 있는데, 해결법은 간명합니다. 바로 삶의 이유를 찾는 것입니다. 이 말을 좀 더 확대해서 살피면, 개인의 의사와 무관하게 태어나 흘러가는 대로 살아온 삶이지만 앞으로 살아갈 방향만큼은 능동적으로 결정한다는 뜻인데요.

운명을 주체적으로 바라보는 관점은 필히 고독으로 이어집니다. 인간은 홀로 있는 시간을 거치지 않고서 자신의 길을 찾을 수 없는데, 삶의 향방에 끼치는 영향력이 큰 일일수록 판단이 어렵기 때문입니다. 여기에는 고려해야 할 사항이 거미줄처럼 복잡하게 얽힌 일도 있지만 진정으로 원하는 바를 몰라서 괴로울 때도 있는데, '실존적 위기에서 벗어나기 위한 목적으로 홀로 있음'을 전문가들은 고독solitude이라 칭합니다.

고독은 외로움loneliness과 다른 개념입니다. 상당수의 사람이 고독을 외로움과 동일한 뜻으로 알고 있는데 홀로 존재한다는 유사점도 있으나 정신적으로는 전혀 다른 상태에 해당합니다. 후자가 우울감이 동반되는 수동적이고 폐쇄된 감정이라면, 전자는 자기 주도적인 태도에서 비롯한 건강하고 충만한 느낌인데, 신학자 폴 틸리히Paul Tillich는 둘을 '혼자 있는 고통'과 '혼자 있는 즐거움'으로 묘사한 바 있습니다. 실제로 solitude의 어원에는 태양을 뜻하는 sol이 포함되는데, 그 누구도 태양을 향해 외롭다고 말하지 않듯 고독 또한 능동적이고 건설적인 자세입니다.

SNS를 통한 실시간 교류가 일상화된 현대 사회에서 고독의 중요성이 부각되는 건 세상사가 복잡해지고 삶의 시간이 길어지면서 결정해야 할 일도 늘어서입니다. "인생은 B^Birth와

D^{Death} 사이의 C^{Choice}"라는 모 철학자의 말처럼 사람살이는 선택의 연속이고, 반대로 매 순간 내리는 결정이 곧 그 사람의 인생입니다. 혹자의 말대로 가장 쉽고 편안한 삶은 큰 흐름에서 벗어나지 않는 삶입니다. 하지만 맹목적으로 대세에 편승하다 보면 회의감을 느끼는 순간이 필히 찾아오는데, 자신이 옳다고 믿는 방식대로 살지 않으면 숙명적 허무함에서 벗어나기가 불가능하기 때문입니다. 삶의 의미는 외부 대상이 아닌 내면의 나를 통해서만 찾을 수 있으니까요. 여기에는 재산과 학력, 사회적 지위의 고하도 영향을 끼치지 못하며 내면의 목소리에 귀를 기울인 시간만이 유효하게 작용합니다. 필연적으로 자신의 길을 찾는 행위는 일상으로부터 떨어져 나온 공간에서 이루어지고요.

간혹 부와 명예를 모두 갖춘 유명인들이 잘못된 선택으로 곤경에 처한 기사를 접하곤 하는데, 근본적인 이유는 심연을 들여다본 적이 없어서입니다. 주관적 안녕감이 높은 사람과 대조적으로 자신에 대한 이해도가 턱없이 떨어집니다. 내가 어떤 사람인지, 무엇을 할 때 흥미와 보람을 느끼는지, 진정으로 원하는 게 무엇이고 앞으로 어떤 삶을 살고 싶은지 고민해 본 경험이 놀라울 정도로 부족합니다. 이 점은 진로 선택, 투자, 결혼 등 중요한 판단을 후회하는 주변 지인과 인척의 경우도 마찬가지인데, 사회적 동물로서 남들의 시선에서 자유로울 수 없지만 마음의 목소리를 반영하지 않은 결정은 후회율이 월등히 높습니다. 형식적으로는 자신이 했으나 실제로는 타인이 내린 결정이니까요. 어느 정도 연륜이 쌓여 이 점을 경험적으로 깨달은 사람일수록 "미래 전망이나 체면도 중요하지만 정말로 원하는 게 무엇인지도 살펴보라"고 조언합니다.

한 가지 귀띔을 드리자면 결정은 전문가에게도 쉽지 않은 일입니다. 적어도 개인적으로는 상당히 어렵다고 느끼는데, 매일같이 하는 사소한 결정부터 의학적 판단과 이직, 계약 같은 중대한 일까지 단 하나의 판단도 수월하지 않았고 숱한 시행착오를 겪었습니다. 1년에 한두 번 있을까 말까 한 복잡한 결정을 마주할 때면 흡사 답이 없는 미로를 헤매는 것 같기도, 결정을 내리고서도 찜찜함과 미련이 남아 번복하고 싶었던 적도 많았습니다. 특히 모두의 입장을 배려할 수 없거나 집단적 경향에 따르기 어려운 난감한 상황에서는 유의한 수준의 스트레스에 시달리기도 했고요.

까다롭기로는 삶의 방향을 확립하는 일도 만만찮은데, 자의와 무관하게 출생하여 이끌리다시피 살아온 삶에서 나아갈 길을 능동적으로 설계하는 작업은 인생에서 가장 심오하고 오랜 시간이 소요되는 정신적 행위입니다. 고통스럽지만 시간이 지나면 어떻게든 풀리는 얽힌 실타래와 달리 무한대에 가까운 선택지에서 자신의 것을 찾는 여정은 필히 안개처럼 짙은 허무함을 동반합니다. 그로 인해 평생토록 의미를 찾지 못하는 사람도 부지기수입니다. 어느 누구도 의미를 부여할 것을 강요하지 않고 그래야 할 의무가 있는 것도 아니기 때문입니다. 다만 살고 싶은 이유를 찾지 못한 결과는 전적으로 본인의 몫입니다. 최고의 엘리트 코스를 밟아 주변의 부러움을 사도 실존적 공허함에 고통받는 삶이 있는 반면 재산이 적고 배움이 짧아도 이루고 싶은 꿈이 있어 새로운 하루가 기다려지는 사람도 있습니다.

레지던트 1년 차 시절 앞으로 어떤 정신과 의사가 되어야 할지, 어떻게 살아야 가슴 충만한 보람과 자긍심을 느끼고 삶의 마지막 순간에 덜 후회할지 반복적으로 고민했습니다. 내면의 의문을 풀기 위해 의국 선배와 교수님들께 조언을 구하고, 학회와 세미나에서 유튜브, 디지털 치료제, 인공지능 연구 등 다양한 활동을 하는 정신과 의사들을 만나고, 종교인과 철학자를 비롯해 사회적으로 성공한 사람의 강연을 찾아 듣기도 했으나 딱히 이렇다 할 도움을 얻지 못했습니다. 최종적으로 개인적 체험과 외모심리학 지식을 필요한 사람들에게 전달하기로 결심한 건 치프 레지던트가 되어 마음 심층부를 탐색하면서였는

데 현실과 이상, 정신의 양 측면을 충분히 헤아린 판단이라는
확신이 들었습니다. 생애 가장 길고 어려운 결정이었지만 그렇
기에 내면의 생동감을 느끼는데, 출발점은 가장 가까이서 들려
오는 목소리였습니다.

힘들수록 삶이 나에게 바라는 바를
떠올릴 것

'삶이 나에게 바라는 것'이라는 인상적인 어구를 처음 접한 건 의대 학부 시절이었습니다. 빅터 프랭클의 저서 『죽음의 수용소에서』에 등장하는 구절로 '삶이 나에게 바라는 것이라고? 이 말이 정확히 무슨 의미일까?' 앞뒤 문맥을 통해 유추해 보았지만 가슴에 와닿지 않았습니다. 몇 차례 고민해 보다 결국 의문을 해소하지 못한 채 책을 덮었는데요. 정신의학사에 한 획을 그은 대학자의 깊은 뜻을 헤아릴 수 있었던 건 책을 두 번째로 읽은 레지던트 4년 차 무렵으로, 어느 정도 학식과 경험이 쌓이면서 자연스레 이해의 폭도 넓어진 것 같습니다.

사람이라면 누구나 사는 게 힘들고 지칠 때가 있는데, 객관적인 처지에는 차이가 큰 게 사실입니다. 고달픈 삶일수록 마음에는 생채기가 나기 쉽고 치유할 여력 없이 방치된 아픔은 십중팔구 '나는 못나고 가치 없는 사람이야' 하는 자기 비하로 이어집니다. 누군가의 차가운 태도를 내재화하여 정신을 자학하는 기전인데 흡사 메아리처럼 반복되며 자아를 갉아먹습니다. 아픔이 머릿속에 머무는 기간에 비례해 마음에는 응달이 집니다. 정신에 빛이 닿지 않는 기간이 일정 기간을 넘어서면 사람은 현실을 올바르게 직시하지 못하고, 부모 품에 안기는 어린아이처럼 무언가를 바라는 상태로 퇴행합니다. 프랭클이 말한 '삶이 나에게 바라는 바'가 아닌 내가 삶에게 무언가를 요구하는 심리 상태인데 애석하게도 세상의 섭리와 동떨어진 생각입니다. 근본적으로 인간이 타인의 고통에 관심을 갖는 건 그것이 어떤 식으로든 자신에게 영향을 줄 때뿐이니까요.

'삶이 사람에게 바라는 모습'의 실효성은 바로 이 지점에 있는데, 운명을 대하는 올바른 태도에 관해서입니다. 지극히 당연한 사실이지만 어느 누구도 내 인생을 대신 살아줄 수 없고 삶을 살아가는 기회도 한 번뿐입니다. 프랭클은 개인에게 주어진 고유한 삶에 책임을 져야 한다고, 올바른 행동으로 주어진 과제에 답하고 더 나아가서 구체적인 의미를 찾아야 한다고 주장합니다. 그가 바라본 사람살이는 삶 측에서 던지는 질문에 사람이 답하는 과정의 연속으로, 주어진 상황을 해석하는 관점을 주체적으로 설정함을 뜻합니다. 이는 인간 마음이 신을 포함한 외부 존재에게 기대하는 바를 스스로에게 적용하는 것과 관련이 깊은데, 크게 두 가지로 분류할 수 있습니다. 거시적으로는 개인의 삶에서 독자적인 의미를 발견하고, 실질적으로는 고난을 대하는 마음가짐을 가다듬는 것입니다. 힘들수록 누군가에게 기대고 싶은 게 인지상정이지만 오히려 그럴 때일수록 주체적으로 헤쳐 나가야 한다는 얘기인데요.

사뭇 냉혹하거나 부당하다고 느낄지 모르겠습니다. 눈앞의 곤경이나 상처가 오롯이 내 잘못도 아니고 몇몇은 내 의사와 전혀 무관하게 생긴 일이니 부조리를 느끼지 않는 게 외려 이상할 것입니다. 당사자의 심정은 충분히 이해가 가지만 그럼에도 달라지는 건 없습니다. 평등하지 못한 세상이나 불행한 운명을 한탄한다고, 짐을 거들어주지 않는 타인이나 불리하게 작용하는 여건을 물려준 부모를 원망한다고 바뀌는 것은 전무합니다. 유전적 연관도가 없는 사람이나 초자연적 존재에게 무언가를 바라기보다는 프랭클이 말한 반대의 관점을 떠올리고 실천하는 게 현실적입니다. 기울어진 출발선이든 불가피한 고통이든 세상살이의 냉정함이든 역경의 중심부를 감당해야 하는 주체는 개인이고, 힘들수록 마음을 다독이며 나아가야 한다는 얘기입니다. 나만큼 내 마음을 잘 알고 항시적으로 살필 수 있는 존재는 없으며, 차가운 현실에서 비롯된 감정을 인식하고 삶에 기대하는 바를 스스로 실천할 때 자아가 성장합니다.

누군가의 말대로 기억할 수 없는 태아기에 움켜쥔 탯줄의 제
비뽑기가 생애 전반에 걸쳐 지우기 힘든 각인을 남기는 게 사
실입니다. 정서와 신체, 물질 어느 것 하나 유전자와 가정 환경
의 영향권에서 벗어나기 쉽지 않으며 2010년대에 등장한 수저
계급론은 그만큼 많은 현대인이 불평등성을 체감한다는 방증
입니다. 여건이 부정적일수록 사회적 비교 과정에서 나타나는
상대적 박탈감과 무력감에 취약하고 손바닥에 새겨진 굵은 곡
선을 숙명으로 간주하기 쉽다는 뜻인데요. 분명 수저 계급론이
일정 부분 현실을 반영하는 건 사실인데, 아우슈비츠에서 자신
의 이론을 몸소 입증한 대학자가 더욱 중요시하는 건 이후의
시간을 살아가는 마음가짐입니다. 타고난 정서, 신체, 물질적
여건은 어쩔 수 없으나 눈앞의 상황을 받아들이는 태도만큼은
전적으로 당사자의 몫이라는 얘기입니다.

중국 전한 시대의 어느 노인이 남긴 '새옹지마'라는 말대로
특정 시점에서의 결과만으로 앞날을 판단하기에는 예측 불가
능한 변수가 너무나도 많아 출발선의 위치는 결단코 종착점을
확정하지 못합니다. 손금의 초반부 경로가 순탄하지 못할수록
운명을 숙명으로 오해하기 쉬운데, 보다 넓고 성숙한 관점을
갖는 게 바람직합니다. 대학자의 말대로 인간은 자유의지로 매

순간의 언행과 태도를 결정할 수 있고, 이것이 손금의 종단적 경로에 유의한 영향을 끼친다는 사실을 기억해야 합니다. 정신 분석 치료의 궁극적인 목표 또한 반복되는 부적응적 선택을 의식화하여 최선의 결정을 할 가능성을 높이는 데 있고요. 결코 쉬운 일은 아니지만 삶이 무거울수록 그것이 두 번째로 주어진 것인 양 소중히 대하여야 한다는 말입니다. 이는 어느 누구도 강요할 수 없는 태도의 자유인데, 그렇기에 정신이 담당하는 가장 중요한 역할일지도 모르겠습니다.

연민과 자비를
반드시 구분해야 하는 이유

자기 연민self-pity이라는 말을 들으면 개인적으로 의대 정신과 실습 때 뵈었던 노교수님이 떠오릅니다. 본과 3학년 과정이 막바지에 다다른 눈 내리던 추운 겨울날이었습니다. 도심에서 택시를 타고 40분이 더 걸리는 교외 정신병원으로 실습을 나갔는데, 정년을 마친 교수님께 가르침을 받은 곳이었습니다. 꽤 오래전의 일임에도 노교수님 특유의 차분하지만 또렷한 중저음 목소리, 진중한 분위기는 여전히 눈앞에 선연한데요. 국내 정신과 의사들은 전문 진료분야에 따라 20여 개의 학회에 뿔뿔이 가입하는데, 그중 최고 권위인 신경정신의학회 회장을 역임하신 분이었습니다. 전국 4천여 명의 정신과 전문의들 사이에서 학식과 견문, 인품을 인정받았다는 뜻으로 의료계에서 엄청난 영예로 여기는 직위입니다. 실습 나온 의대생의 입장에서는 마치 인생의 모든 걸 통달한 듯한 느낌마저 들었고, 실제 회진을 돌 때 환자분을 대하는 언품이 남다르셨습니다. 매스컴에 자주 등장하는 명문대 출신 전문의, 연구 업적이 탁월하여 학계에서 대가라 불리는 교수님들을 여럿 뵈었지만 단언컨대 그 교수님 만큼 통찰력이 뛰어난 분은 없었는데요.

노교수님이 자기 연민에 대하여 가르침을 주신 건 실습 마지막 날이었습니다. 어떠한 질문이든 궁금한 게 있으면 해보라는 말씀에 저와 동기들은 눈치를 살피며 머뭇거리다 질문을 시작했습니다. 병동에서 뵈었던 환자분의 병세와 약물치료의 효능 같은 의학적인 질문부터 40여 년간 정신과 의사로서 근무하며 기억에 남는 에피소드 등 사적인 질문에까지 교수님은 한 치의 막힘없이 청산유수로 대답해 주셨습니다. 즉문즉답이 너무나 명쾌한 나머지 나중에는 자존감을 키우는 법, 정신적으로 건강함의 기준 같은 잡다한 질문까지 나왔고, 질의응답이 끝나갈 무렵 가장 궁금했지만 망설이던 질문을 드렸습니다. "지인 중에 외모 스트레스로 힘들어하는 친구가 있는데 어떻게 해야 하나요?"라고 조심스레 여쭤보았는데요. 김이 오르는 차를 한 모금 마신 후 교수님께서 말문을 떼셨습니다.

"우선 어느 정도로 힘들어하는지부터 파악해야겠지. 그러고 나서 그에 걸맞은 치료를 해야 할 테고. 하지만…… 세상에 힘든 일이 얼마나 많은데 그것 갖고 좌절하는 것은 말이 안 된다네. 물론 당사자의 입장에서는 이런 얘기가 상처가 될지도 모르겠지만 말일세."

이전 답변과 달리 김이 빠지는 듯한 느낌을 받았습니다. 의학도이기 이전에 외모가 고민이었던 20대의 입장에서 기분이 썩 좋지 않았던 게 당시 솔직한 심정입니다. 서운함을 느낀 이유는 크게 두 가지였는데 우선 인생사를 통달한 듯한 교수님이라면 외모 스트레스를 단번에 해소할 비법을 알고 있으리라는 마술적 기대가 있었고, 두 번째는 10대 후반부터 겪어온 어려움이 공감받지 못한다는 느낌을 받았습니다. 그랬던 의대생의 생각이 달라지게 된 건 인턴, 레지던트 기간 수천 명이 넘는 환자를 진료하고 학회에서 공부하며 사람의 정신에 대한 이해도가 나름 갖춰지면서입니다.

자기 연민은 자기 자비self-compassion와 유사해 보이지만 전혀 다른 개념입니다. 둘의 결정적 차이는 객관성입니다. 전자는 '내 주변에는 아무도 없는데, 왜 나만 이런 고통을 겪는 것일까', '나는 세상에서 가장 불행한 사람이야, 나도 주변의 누구처럼 좋은 환경에서 태어났다면'이라는 자기중심적 사고에 갇힌 반면, 후자는 균형 잡힌 관점을 견지합니다. '분명 내 처지가 주위 사람들보다는 안 좋지만, 그렇다고 최악은 아니야. 주변에

는 없지만 어딘가에는 나와 비슷한 어려움을 겪는 사람들이 많이 있어.'

유형이나 정도에 관계없이 인간이 겪는 모든 아픔은 존중받아야 합니다. 객관적으로 더 큰 고통이 존재한다 해서 상대적으로 작은 상처가 경시되어서는 결코 안 됩니다. 사람마다 아픔을 인내하는 힘에는 편차가 커 그리 대수롭지 않다고 여겨지는 일 또한 누군가에게는 극복하지 못하는 시련으로 와 닿으니까요. 그와 더불어, 특히 현재 위치에서 한 걸음 더 나아가고 싶다면 인간이 경험할 수 있는 고통이 무한대에 가깝고, 냉정히 말해 더 크고 깊은 상처도 존재한다는 사실을 염두에 두어야 합니다. 당사자의 마음이 경험한 힘듦은 분명 사실이나 내 주변에 없을지라도 상상조차 하기 힘든 풍파를 겪은 사람이 상당하고, 모두가 각자 나름의 어려움을 짊어지고 산다는 차가운 진실을 깨달을 때 고통의 주관성에서 한 걸음이나마 멀어집니다.

아픔을 객관적으로 바라본다는 게 '나보다 어려운 처지의 사람도 많으니 나는 힘들어해서는 안 돼' 내지는 '타인의 불행에 안도하라'는 의미는 결코 아닙니다. 그보다는 불행을 정밀하게 들여다보던 머릿속 현미경을 내려놓고 보다 성숙한 관점으로 세상을 인식하라는 권고입니다. 고통의 보편성, 심도를 헤아리는 건 사람을 겸허하고 초연하게 만드는데 물에 빠졌을 때 깊이를 인식하는 것만으로 평온함이 드는 것과 비슷한 이치입니다. 반면 '왜 하필 나일까? 왜 나만 이럴까'라는 한탄은 인간의 정신이 헤어나오기 힘든 늪지대이고요.

글을 마치며 문득 든 생각인데 어쩌면, 아니 틀림없이 교수님께서는 실습 나온 의대생의 질문이 친구가 아닌 당사자의 고민이라는 점을 간파하셨으리라 추정합니다(당시에는 가발을 쓰고 다녀 탈모증이 겉으로 드러나지 않았습니다). 전문의이지만 아직 부족함이 많은 저조차 정신의학을 배우며 어느 정도의 분석력을 갖추게 되었는데, 산전수전에 공중전까지 겪은 교수님이라면 100% 확률로 알아차리셨을 것입니다. 당시에는 진의를 깨닫지 못했지만 지금은 교수님의 말씀을 겸허히 수긍하는데, 어쩌면 살면서 가장 힘들고 고통스러웠던 일이 별거 아닌 듯 여겨지는 것. 회피할 수 없었던 역경과 태생적 불공평성에서 주관적이면서도 객관적인 의미를 생성하여 그것을 삶의 일부로 통합하는 것. 이것이 치유의 마지막 관문일지도 모르겠습니다. 외모이든 아니면 다른 일이든.

나오는 말

평온을 비는 기도

"신이시여,

바라옵건대 제게 바꾸지 못하는 일을 받아들이는 평온함과

바꿀 수 있는 일을 바꾸는 용기와

두 가지를 구분할 줄 아는 지혜를 주소서."

미국 신학자 라인홀드 니부어Reinhold Niebuhr의 유명 기도문으로 레지던트 시절 수용전념치료를 배우면서 접했습니다. 수용전념치료의 철학적 핵심은 "고통이 비정상적이거나 희소한 게 아닌 인간의 삶에서 보편적으로 발생한다"는 점인데요. 불가피한 고통에 억지로 저항하기보다 역설적으로 수용함으로써 완화

하고, 가치 중심적인 삶을 지향합니다. 고통을 없애는 데 집중하는 게 아닌 원하는 삶을 살아가는 데 초점을 맞추자는 것이죠.

기도 내용은 현대인의 외모 문제에도 그대로 적용되는 얘기입니다. 가능한 일과 불가능한 일을 구분한 다음 바꿀 수 있는 부분을 개선하되 어쩔 수 없는 여건을 수용한다면 스트레스가 줄어들 것입니다. 여기에서 한 걸음 더 나아가 자신의 마음 상태를 인식하고 의미를 부여할 수 있다면 틀림없이 내면의 평화가 찾아올 텐데, 외모와 정신은 유기적으로 연결되어 있기 때문입니다.

참고 문헌

1   Faller H et al. Effects of psycho-oncologic interventions on emotional distress and quality of life in adult patients with cancer: Systematic review and meta-analysis, Journal of Clinical Oncology, 2013;31(6):782-93.

2   토마스 캐시, 토마스 프루진스키. 바디 이미지, 임숙자 이미현 이승희 신효정 옮김, 교문사, 2000.

3   토마스 캐시. 바디 이미지 수업, 박미라 김미숙 김보라 김세현 조연주 옮김, 사우, 2019.

4   Croley JA, Reese V, Wagner RF. Dermatological features of classic movie villains: The face of evil, JAMA Dermatology, 2017; 153(5):559-564.

5   Mills JS, Musto S, Williams L, Tiggermann M. "Selfie" harm: Effects on mood and body image in young women, Body Image, 2018;27:86-92.

6   Alanazi AS, Alotaibi YM, Alojan JS, Zaidi U. Effects of social media contents on the perception of body image, International Journal of Innovation, Creativity and Change, 2019;9(7):179 –

196.

7　Jiaqing U, Alivi MA, Mustafa SE, Dharejo N. The impact of social media on women's body image perception: A meta-analysis of well-being outcomes, International Journal of Interactive Mobile Technologies, 2023;17(20):148-170.

8　Garner G. Megan Fox says she has body dysmorphia: 'I have a lot of deep insecurities', People, 2021.10.11.

9　Clarke A, Thompson A, Jenkinson E, Rumsey N, Newell R. CBT for appearance anxiety: Psychosocial interventions for anxiety due to visible difference, Wiley Blackwell, 2014.

10　Slater A, Bremner G, Johnson SP, Sherwood P, Hayes R, Brown E. Newborn infants' preference for attractive faces: The role of internal and external facial features, Infancy, 2000;1(2):265-274.

11　Wilhelm S, Phillips KA, Steketee G. Cognitive behavioral therapy for body dysmorphic disorder, Guilford, 2012.

12　He J, Sun S, Zickgraf HF, Lin Z, Fan X. Meta-analysis of gender differences in body appreciation, Body Image, 2020;33:90-100.

13　Rumsey N, Harcourt D. The Oxford handbook of the psychology of appearance, Oxford University Press, 2012.

14　Puhl RM, Heuer CA. The stigma of obesity: a review and update, Obesity, 2009;17:941-964.

15　Maestripieri D, Henry A, Nickels N. Explaining financial and prosocial biases in favor of attractive people: Interdisciplinary perspectives from economics, social psychology, and evolutionary psychology, Behavioral and Brain Sciences, 2017;40:e19.

16　Lõhmus M, Sundström LF, Björklund M. Dress for success: Human facial expressions are important signals of emotions,

Annales Zoologici Fennici, 2009;46:75-80.

17 한국갤럽조사연구소. 외모와 성형수술에 대한 인식- 1994/2004/
   2015/2020년, 2020.4.9.

18 Cash TF. Developmental teasing about physical appearance:
   Retrospective descriptions and relationships with body image,
   Social Behavior and Personality: An International Journal, 1995;
   23:123-130.

19 Sloan DM, Lee DJ, Litwak SD, Sawyer AT, Marx BP. Written
   exposure therapy for veterans diagnosed with PTSD: A pilot
   study, Journal of Trauma Stress, 2013;26(6):776-779.

20 Wood-Barcalow N, Tylka T, Judge C. Positive body image
   workbook, Cambridge University Press, 2021.

21 Schrammen E et al. Functional neural changes associated with
   psychotherapy in anxiety disorders – A meta-analysis of
   longitudinal fMRI studies, Neuroscience & Biobehavioral
   Reviews, 2022;142:104895

22 Mason L et al. Functional connectivity predictors and mechanisms
   of cognitive behavioural therapies: A systematic review with
   recommendations, Australian & New Zealand Journal of
   Psychiatry, 2016;50(4):311-321.

못생김의 심리학

정신의학 전문의의 외모심리학 이야기

초판 1쇄 발행 2024년 7월 1일
초판 2쇄 발행 2024년 7월 5일
지은이 이창주
펴낸이 안지선

편집 신정진
디자인 다미엘
마케팅 타인의취향 김경민, 김나영, 윤여준
경영지원 강미연
제작처 상식문화

펴낸곳 (주)몽스북
출판등록 2018년 10월 22일 제2018-000212호
주소 서울시 강남구 학동로4길15 724
이메일 monsbook33@gmail.com

ISBN 979-11-91401-93-6 03180

mons

(주)몽스북은 생활 철학, 미식, 환경, 디자인, 리빙 등 일상의 의미와
라이프스타일의 가치를 담은 창작물을 소개합니다.